AF396214

GUIDE

DANS LA

GALERIE DE TABLEAUX

ECOLE RUSSE.—ECOLES ÉTRANGÈRES.

MOSCOU.
e W. Gautier, au Pont des Maréchaux, Maison Torletsky.
1872.

La fondation de la galerie de tableaux est de date récente: l'origine en est due aux largesses de S. M. 'E m p e r e u r qui, l'année même de l'installation du Musée, lui fit-don de la célèbre composition du peintre André Ivanov où l'on voit *saint Jean le Précurseur annonçant la venue du Christ.* Ce fut à proprement parler la première assise d'une galerie à fonder et comme une pierre d'attente, car à ce premier don de la munificence impériale se joignit l'année d'après celui de deux-cent-un tableaux que le professeur Waagen, alors en mission à Saint-Pétersbourg, avait été chargé de choisir parmi les cadres en réserve à l'Ermitage. Evidemment il ne pouvait être question d'aliéner au profit du nouveau Musée quelques chefs-d'œuvre d'un mérite transcendant; il s'agissait avant tout d'offrir au public d'une ville qui ne possédait aucune autre collection de ce genre, une série de modèles classés par ordre de dates et par écoles qui permît de suivre et d'étudier l'histoire de l'art chez ses principaux représentants en Europe. Telle du moins paraît avoir été l'idée qui présida au choix fait par le célèbre professeur de Berlin. Sans doute il est à regretter que, dans les conditions d'un local restreint, elle n'ait pu jusqu'à ce jour être réalisée qu'incomplètement.

Les tableaux du fonds primitif, successivement accru par les offrandes de quelques particuliers, sont répartis de la manière suivante. La part des italiens se compose de soixante tableaux, celle des flamands de cinquante-six, celle des hollandais de cinquante-neuf. L'apport des allemands est de treize cadres et le même nombre représente l'école française; l'école anglaise en a fourni un seul. Bon nombre de ces tableaux ont été renseignés par M. Waagen comme œuvres originales des maîtres suivants: *Piètre de Cortone* (nᵒˢ 134 et 135), *le Rosso* (nᵒ 144), *le Caravage* (nᵒˢ 152 et 153), *Schidone* (nᵒ 155), *le Tintoret* (sans nᵒ), *Léandre Bassan* (nᵒˢ 164 et 165), *le Padouan* (nᵒˢ 166 et 167), *le. Guide* (nᵒ 174 provenant de la galerie Walpole), *le Guerchin* (nᵒˢ 179 et 180), etc.; *Breughel* (nᵒ 6), *Rubens* (nᵒˢ 13 et 15), *Snyders* (nᵒ 18), *Jordaens* (nᵒ 22), *van Dyk* (nᵒ 32 provenant de la collection Walpole), *Teniers* (nᵒˢ 38 et 39), *Tilborg* (nᵒ 41), *van Goijen* (nᵒ 73), *Rembrandt* (nᵒ 75), *Palamedes* (nᵒ 84), *Brauwer* (nᵒ 85), *van der Neer* (nᵒˢ 89 et 90), *Platzer* (nᵒ 66) etc.; certains autres, comme des copies de l'école des maîtres, telles d'après *le Pérugin* (n° 128), *André del Sarte* (nᵒˢ 140 à 143), *le Parmesan* (nᵒˢ 150 et 151), *le Titien* (nᵒˢ 156 et 158), *Paul Véronèse* (n° 162), *le Guide* (nᵒˢ 175 et 177), *Rubens* (n° 25), *Lucas de Leyden* (n° 69), quelques-uns enfin sont intéressants comme reproductions fidèles d'originaux relégués dans des collections particulières, d'un accès parfois difficile; il suffit de nommer *Raphaël* (n° 130, dont l'original appartient à Miss Burdett Coutts), *le Corrège* (n° 147, de la galerie du duc de Wellington, à Apsley House); *le Poussin* (n° 189 de la galerie du comte Radnor, à Longford Castle); *Elzheimer* (n° 60, de celle de M. Beckford, à Bath).

Enfin en 1867, le cabinet justement renommé d'un amateur, *M. Théodore Prianichnikov*, fut incorporé intégralement au Musée Public par décret du $\frac{25 \text{ mai}}{6 \text{ juin}}$ de l'année susdite. Il suffit, pour se faire une idée de la valeur de cette collection unique en son genre et de son importance pour l'histoire de l'art indigène, de rappeler le jugement qu'en ont porté, lors de l'exposition de Londres en 1862, les hommes les plus compétents. Les libéralités de plusieurs membres de l'Auguste Famille Impériale et les dons de quelques particuliers ont porté le nombre primitif des tableaux de l'école russe à cent quatre-vingt-sept.

La Galerie de tableaux occupe tout le premier étage du principal corps de bâtiment; l'école russe y remplit à elle seule trois grandes salles, une pièce est consacrée presque en entier aux maîtres italiens; le reste a trouvé place parmi les flamands et les hollandais dans deux salles et une vaste antichambre.

Ainsi qu'il a été observé plus haut, des exigences locales ayant nécessité le déplacement d'un nombre limité de tableaux pour ne point interrompre la série de l'école russe, ces tableaux, provisoirement en réserve, n'ont point été décrits dans le présent catalogue.

A insérer, après le n° 174, p. 72. Copie de la célèbre *Hérodiade* du *Guide.*

LA GALERIE DE TABLEAUX

ECOLE RUSSE.

1-re SALLE.

Alexandre **Orlovsky**. 1777—1832.

Chasseur avec son chien, au milieu d'un champ.— Gouache. Daté 1820.

Quatre soldats groupés autour d'un bloc de pierre, au pied d'un rocher qui surplombe. L'un d'eux, casqué et cuirassé, est vu de dos. Paysage agreste, dans la manière de Salvator Rosa. Nuages amoncelés. Ruines d'un aqueduc dans le lointain.

Inconnu.

Portrait de l'Empereur Alexandre Ier, en manteau d'hermine. Cheveux poudrés.

Pierre **Bassine,** né en 1799.

Le Grenier de l'Académie.—Blanchisseuses en costume de paysannes, occupées à sécher du linge. Dans le coin à gauche, gardien sommeillant sur sa chaise. Arc de voûte au fond, et par delà, marches d'un escalier.

Oreste **Kiprensky** (Schwalbé), né en 1783, mort à Rome en 1836. Surnommé le Van Dyck russe.

Paysage avec figures. Bande de prairie sur la lisière d'une forêt; à droite massif d'arbres; à gauche, un homme précédé de son chien et cheminant dans un sentier que borde un ruisseau. Ciel couvert de nuages chassés par le vent (Tableau en hauteur).

Jean **Loutchaninof.**

L'Echelle de Jacob. Copie d'après Murillo. (Galerie de l'Ermitage, n° 359).

Féodor **Alexeïef**. 1753—1824.

Deux vues de Moscou avant 1812:

a) Vue générale du Kremlin et du pont de pierre, avec les quais de la Moskva.

b) L'église du Sauveur dite « à la grille d'or », dans l'enceinte du Kremlin; l'ancien palais des czars, *térems,* et édifices attenants.

Féodor **Matveïef,** né en 1758; mort à Rome, en 1826. Elève de Ph. Hackert.

Deux grandes *Vues de Sicile,* peintes en 1811.

Alexis **Iégorov**. 1776—1851.

Sainte-Famille. La vierge Marie, assise au milieu d'un paysage, tient un livre. L'enfant Jésus est debout à sa droite; le petit saint Jean, agenouillé à gauche, lui présente un fruit.

Capiton **Zélentzov**, mort en 1845.

Portrait d'un Paysan. Il fait pieusement le signe de la croix avant d'entamer le morceau de pain noir qu'il tient dans la main gauche.

Jean **Iakovlev**, mort en 1847.

Son portrait. Vu de trois quarts à mi-corps. Foulard vert négligemment noué autour du cou; manches de chemise retroussées jusqu'aux coudes: il tient dans ses bras un buste.

Basile **Schébouïev**. 1777—1855.

Vision du prophète Ezéchiel; esquisse du plafond de N.-D. de Kazan, à St-Pétersbourg.

Charles **Wenig**.

Anges frappant de cécité les habitants de Sodome. Figures de grandeur naturelle. Daté 1862.

Schébouïev.

La Messe de saint Basile. Répétition du tableau peint par lui pour l'église de N.-D. de Kazan.

La sainte Cène.

Dmitry **Levitzky**. 1736—1822.

Portrait d'un inconnu (le comte J. Sievers?). Cheveux poudrés; costume du siècle dernier, habit et gilet de velours bleu, brodés d'or. Canne à la main.

Vladimir **Borovikovsky**. 1758—1826.

L'Hiver, personnifié sous les traits d'un vieillard, enveloppé dans une fourrure de mouton et se chauffant les mains à un feu de braise.

Portrait du métropolitain Ambroise. Vu de face, jusqu'aux genoux. Vêtu d'une chape et la mitre en tête; il s'appuie d'une main sur sa crosse, et de l'autre, donne sa bénédiction.

Levitzky.

Portrait du marchand Sézamov; (à mi-corps). Il porte un kaftan en étoffe de soie verte, serré autour du corps par une écharpe jaune, et tient dans sa main droite le plan de la maison des Enfants-trouvés, établissement auquel il fit une donation. Daté 1770.

Matweïev, v. précédemment.

Jean **Martinov**. 1768—1825.

Paysage. Vue de Petite-Russie.

Alexandre **Wittberg**. 1787—1855.

Saint Pierre délivré de la prison. Effet de clair-obscur. Daté 1806.

Grégoire **Ougrioumov**. 1764—1823.

Election de Michel Feodorovitch Romanof. Esquisse du tableau qui se trouve à l'Académie des Beaux-Arts.

Sur les cloisons :

Dmitry **Lévitzky**. 1736—1822.

a) *Portrait de l'historiographe Novikov*. Cheveux noirs lisses, cravate blanche et jabot; vêtu d'une redingote brune. Assis et tourné de trois quarts à droite.

b) *Portrait d'un vieux prêtre, père de l'artiste*. Vu presque de face, nu-tête. Il est en soutane brune, doublée de vert.—A la manière forte et solide de Rembrandt (Viardot). Daté 1779.

Portrait de l'Empereur Alexandre 1er enfant. Cheveux blonds coupés court; collet en dentelle rabattu sur un habit grenat avec boutons en diamants, et décoré du cordon de St.-André.

Job **Zakharov**.

Cléopatre. Les longues mêches de sa chevelure blonde sont retenues par un bandeau de soie. Elle pose le doigt sur une agrafe en cornaline qui reproduit en relief les traits du triumvir. (Daté 1793.)

Jean **Orgounov**.

Cléopâtre mourante. Sa tête, rejetée en arrière, est ceinte d'un diadême. Grosses perles aux oreilles. L'aspic qui l'a mordue se tord sur son sein. Daté 1750.

Antoine **Lossenko**, né en 1736, mort en 1773.

Portrait de l'acteur Volkof. En buste et vu de face; tête nue. Manteau rouge bordé d'un galon, avec des glands d'or, jeté sur un habit vert-pomme. Il tient d'une main un masque et de l'autre un poignard passé à travers le cercle d'une couronne.

Alexis **Vénétzianov.** 1780—1846.

Portrait d'une vieille femme, appuyée sur un bâton. Elle est en souquenille et coiffée d'un mouchoir blanc à liseré rouge. Tête d'étude. (Forme ovale.)

Borovikovsky.

Dieu le Père en contemplation devant le Christ mort. La vive clarté qui émane du Père éternel illumine le Sauveur affaissé sur un nuage et rayonne dans l'espace. Des deux côtés, têtes de chérubins.

Alexéïev.

Vue du Zwinger, à Dresde. Heureuse imitation de la manière de Bernardo Belloto (Waagen).

Pierre **Stchoukine.** 1754—1829.

Portrait d'un prêtre et soutane brune.

Kiprenski.

Portrait de l'artiste.

Iégorov.

La Vierge portée sur des nuages; à sa droite l'enfant Jésus dans l'action de bénir.

Jean **Khroutzky.**

Portrait d'une vieille dame en bonnet de dentelle et portant des lunettes; occupée à tricoter.

Borovikovsky.

a) *Portrait du métropolitain Michel Dessnitzky,* en habits sacerdotaux et en mitre. Vigoureux portrait (Viardot).

b) Copie d'après le Corrège, *La Madonna del Latte,* à la galerie de l'Ermitage (n° 81).

Alexandre **Warneck.** 1782—1843.

Portrait d'un enfant, accoudé sur une table et tenant un épagneul dans les bras. En buste.

Jean-Baptiste **Lampi.** 1757—1830.

Portrait du prince Potemkine. Cadre oval. (Ebauché).

Alexéïev.

Vue de Venise. Copié d'après le Canaletto?

Zélentzov.

Copie d'après Kiprensky : *Jeune paysan ajustant sa chaussure d'écorce (lapti).* Son bonnet de fourrure et ses mitaines sont déposés sur un tonneau.

Iégorov.

a) *Descente du Saint-Esprit.*

b) *Mise au tombeau;* au second plan, la Vierge secourue par les saintes femmes; dans les airs, gloire d'anges élevant la croix.

Bassine.

Repos en Egypte. La vierge Marie est assise au pied d'un arbre; elle enlace d'un bras l'enfant Jésus agenouillé près d'elle, ses deux petites mains dans celle de sa mère. Un ange cueille des fruits qu'il donne au petit saint Jean. Sphinx et pyramides;—ciel embrasé.

Orlovsky.

Cavalier dans une plaine.

Constantin **Grigorovitch.**

Les trois Marie visitant le tombeau du Seigneur.

Sylvestre **Schédrine.** 1791—1830.

Vue de Naples. Sur le rivage, figures qui allument un feu. Effet de lune.

Schébouïev.

Deux Esquisses : *Transfiguration* et *Ascension.*

IIᵉ SALLE.

Maxime **Vorobiev**. 1787—1855.

Une Nuit d'été à Saint-Pétersbourg. Vue du Pont de la Trinité et des quais de la Néva; au loin, la forteresse de Saint-Pierre et Saint-Paul.—Effet très-bien étudié d'un demi-jour intermédiaire entre la clarté du jour et le clair de lune. (Viardot.)

Pierre **Pétrovsky**, mort à Rome.

Agar avec Ismaël dans le désert. Agar à genoux, les yeux levés et un bras étendu vers le ciel, soutient de l'autre son fils mourant de soif.

Grégoire **Tchernetzov**. 1803—1865.

Vue du lac de Génésareth. Nombreuses figures. Au milieu, le Christ et accessoires faisant allusion au miracle opéré en ces lieux. Daté 1844.

Basile **Tropinine**; 1790—1857.

Dentellière russe. Penchée sur son métier, elle détourne ses regards sur un objet situé en dehors du tableau. Daté 1823.

Charles **Brulov**. 1799—1852.

Le Christ au tombeau. Le Sauveur mort, les bras croisés sur la poitrine et enveloppé dans un suaire, est vu en raccourci. Un ange, la tête inclinée, dans l'attitude du recueillement, est prosterné au pied du sépulcre. Par terre, la couronne d'épines.

Carton, au crayon noir, d'un tableau transparent peint en 1846 pour la chapelle particulière du comte N. Adlerberg.

Eriksen, peintre danois.

Une Famille de paysans des bords du Volga, peinte au pastel pendant le voyage de Catherine II en Crimée.

Elie **Lapine**.

Vieillard en prière. Vu de face, à mi-corps. Chevelure et barbe blanches; les deux mains jointes et appuyées sur un bâton.

Kiprensky.

Les Liseurs de journaux. Quatre figures en buste, de grandeur naturelle. Le lecteur, vu de profil à gauche, est en robe de chambre fourrée; il tient à la main une feuille de journal et sur le bras, un épagneul. Trois autres personnages, vêtus de même, écoutent en fumant leurs pipes. (Portraits).

Pimen **Orlov**. 1812—1863.

Scène de la vie italienne. Jeune fille assise sous un berceau; elle a saisi un verre que son cavalier emplit de vin. Une autre vue de dos et la tête en profil, danse en s'accompagnant d'un tambourin. Daté 1851.

Charles **Steuben**. 1788—1856.

Portrait d'une Andalouse. Tournée de trois quarts à droite. Cheveux noirs tressés en nattes; corsage en velours noir à manches blanches avec des nœuds de rubans rouges. Elle effeuille une marguerite qu'elle a pris dans un vase de fleurs, placé devant elle sur une table. Au fond un rideau jaune.

George **Meyer**. 1823—1867.

Vue du lac Karakol, dans les montagnes de l'Altaï. Curieux paysage de la frontière nord de la Chine.

Brulov.

Invasion de Rome par Genséric. Au milieu de la composition, Genséric à cheval, suivi et précédé de ses hordes. Divers groupes de barbares pillant et saccageant.

A gauche, le pape intercédant pour la ville éternelle. Esquisse d'un tableau qui n'a point été achevé.

Alexis **Voloskov.**

Vue de Viborg, du côté de la mer. Effet de lune.

Nicanor **Tchernetzov.** 1805.

Vue de la vallée de Karalesse sur la côte méridionale de Crimée. Daté 1839.

Tropinine.

Son portrait. Il est en face, jusqu'aux genoux, en redingote brune et tient d'une main sa palette et ses pinceaux, de l'autre son appui-main. Dans le fond, le Kremlin.

Bourdine.

Intérieur de la chapelle du palais Hiver, à Saint-Pétersbourg; avec figures. Effet de jour; excellente perspective.

Basile **Makhnatchev.**

Paysan aiguisant une faux, assis. Il porte un chapeau pointu, une chemise de toile grise et des *laptis.* A côté de lui est un petit garçon nu-tête et pieds-nus, tenant un seau. Peint en 1818.

Brulov.

Intérieur d'un harem. Scène du poème de Pouchkine: *la Fontaine de Bakhtchissaraï.* Odalisques groupées autour d'un bassin et jouant avec des dorades. Eunuque noir accroupi tenant un faisceau de clefs.

Warneck.

Le Joueur de violon. Portrait d'un jeune garçon, vêtu d'un habit brun; il a son violon à la main. Vu en face; se détache en vigueur sur un fond sombre.

Kiprensky.

Sibylle de Tibur. Assise et vue de face, jusqu'aux genoux, elle tient un rouleau à la main. Son visage inspiré est éclairé d'en haut par une lampe suspendue au plafond. Etude de tête; bon effet de lumière.

Brulov.

Portrait du fabuliste Krylov. Saisissant de vérité et d'une ressemblance parfaite. Ebauche largement brossée.

Portrait d'un femme turque. Coiffée d'un turban et en veste de velours vert. En trois quarts; buste.

Mlle Waxel.

Une famille de mendiants romains. La femme est debout, vêtue d'un manteau brun dont le capuchon lui recouvre la tête; elle tient son enfant endormi dans ses bras. L'homme est assis à sa droite, les coudes appuyés sur les genoux et la tête dans sa main.

Brulov.

Herminie chez les Pasteurs. Sujet emprunté au Tasse.

Maxime **Vorobiev.**

Nuit d'automne à Saint-Pétersbourg. Vue du Quai de l'Amirauté et du pont Saint-Isaac. — Sur l'autre rive le palais d'Hiver. Effet de nuit.

Nicanor **Tchernetzov.**

Une vue de Tiflis.

Alexis **Tyronov.** 1808—1859.

L'Ange de la Paix. Tunique blanche; à la main un rameau d'olivier. Demi-figure; forme ovale.

Jean **Aïvasovsky,** né à Théodosie en 1817.

Vue du Grand Canal à Venise. Effet de nuit. Sur le premier plan une gondole, et dans le lointain vaporeux, édifices de Venise. D'un ton argentin.

Longin **Frikke.**

Paysage. Vue d'une villa aux environs de Revel. Vivement éclairé par une chaude lumière qui pénètre dans le branchage touffu des massifs. A droite, un moulin à eau. Daté 1837.

Théodore **Bruni**, né à Milan en 1801.

Le Sommeil de la Vierge. Elle est drapée dans un manteau bleu et a la tête couverte d'un voile blanc. Son divin fils, debout et vu de dos, a la tête tournée vers le spectateur.

Lapine.

Vue de Constantinople: *Les Eaux douces*. D'après une aquarelle de Ch. Brulov, dans la galerie particulière de S. A. I. la Grande-Duchesse Marie Nikolaïevna.

Schédrine.

Une Vue de Naples. Effet de lune.
Vue de Naples et de la mer. Figures groupées autour d'un feu, sur le rivage. Barque.

Eugraphe **Krendovsky**.

Scène champêtre. Femme petite-russienne, assise sous l'ombrage, dans l'intérieur d'une forêt,

François **Risse**.

Bohémiens campés au milieu d'un bois. Sur le devant, deux femmes en altercation. Daté 1842.

Charles **Rabus**, 1800—1857.
Une Marine.

André **Sapojnikov**; 1794—1855.

Bacchanale. Nymphe, couronnée de pampres, portée à bras dans une corbeille par deux satyres traversant un gué; un petit amour les escorte portant sur la tête une corbeille de raisins.

Loutchaninov.

Repos en Egypte. La vierge Marie, l'enfant Jésus endormi sur une pierre, saint Joseph et deux anges. Copie d'après Murillo (n° 367 de la galerie de l'Ermitage.)

Thaddée **Goretzky,** mort à Paris en 1868.

La Confession auriculaire. Jeune fille en corsage rouge avec une jupe bleue, se confessant à un vieux moine à barbe blanche. Figures de grandeur naturelle. Daté 1846.

Maxime **Vorobiev.**

Vue de la mer Morte. Répétion d'un tableau qui se trouve dans les appartements particuliers au palais d'Hiver. L'artiste s'est représenté lui-même dans une des figures groupées sur le rivage.

Tyronov.

Moïse exposé sur les eaux du Nil. Sa mère, en robe rouge et draperie blanche à raies, est agenouillée sur le rivage devant la corbeille qu'elle vient de déposer dans le lit du fleuve. Derrière elle est une jeune fille.

Serge **Zarianko.** 1809—1870.

Portrait en pied de la princesse M. Vorontzof. Elle est assise et vue de face. Coiffée en cheveux; robe de satin blanc. Daté 1851.

Brulov.

Portrait en pied du prince A. Galitzine, assis, de face, dans son cabinet de travail. Il est en frac gris. Au fond, une porte ouverte sur d'autres appartements.

SUR LES CLOISONS:

Alexis **Vénétzianov.** 1780—1846.

Jeune fille malade recevant les sacrements. Sur le premier plan un vieux prêtre vu de dos, en chasuble rouge et soutanelle verte. Il est assisté d'un sacristain dont les cheveux sont rassemblés en une longue tresse.— A gauche, une vieille femme à genoux, en prière.—Scène de chaumière russe simple et vraie. (Viardot.) Très-soigné, d'un coloris harmonieux. (Waagen.)

Tropinine.

Trois portraits: *Jeune fille tatare,* en costume national.

Petit pâtre, coiffé d'un chapeau de paille, un chalumeau entre les mains.

2

Petite paysanne, filant sa quenouille.

Tous trois en buste, de grandeur naturelle.

Zélentzov.

Portrait d'un jeune garçon coiffé d'un béret; vu de face, à mi-corps, portant sur l'épaule un sac avec des légumes et à la main une cruche en porcelaine. Petite nature.

Bassine.

Paysage. Arbres clair-semés, venus sur le penchant d'un monticule; par-ici, cailloux épars sur le sable; au loin, des montagnes. Effet de soleil couchant bien rendu.

Alexandre **Sauerweid**. 1783—1844.

Campement militaire. Détachement de troupes d'infanterie traversant un village et groupes de cavaliers caracolant.

Brulov.

Portrait de M. Théodore Prianichnikof, ancien directeur des postes et collectionneur de la galerie de tableaux qui porte son nom. Frac et cravate noirs, gilet blanc. Fond, un rideau. Forme ovale. Daté 1849.

Portrait de l'aide-de-camp général comte V. Pérofsky. Fond, ciel avec nuages.

Sylvestre **Schédrine**. 1791—1830.

Vue de Sorrente, prise du côté de la mer. Avec figures.

Michel **Lébédev**. 1812—1837.

Paysage aux environs d'Albano, près de Rome.

Basile **Sternberg**. 1816—1845.

Portrait de jeune homme; type italien. Tête d'étude.

Cyrille **Gourbounov**.

Portrait d'une bohémienne. Tête nue, mouchoir rouge autour du cou, manteau d'étoffe rayée. A la main un tambour de basque. Daté **1851**.

Schédrine.

Vue aux environs de Naples. Terrasse ombragée d'une treille, au bord de la mer. Effet de soleil.

Sternberg.

Paysans italiens jouant aux cartes dans une osteria. Les deux joueurs, assis l'un de côté, l'autre à cheval sur un banc, sont entourés de curieux. Figures groupées avec art, poses naturelles, expressions vraies, bonne lumière pénétrant par une porte, ouverte sur la campagne.

Pifferari à Rome. Musiciens en plein vent: joueur de cornemuse et clarinette accotés d'un petit garçon. A l'angle d'un édifice, une image de la Vierge, qu'éclaire une lanterne. Une vieille femme aveugle assise sur un banc, un pot de braise sur les genoux et adossée contre le mur, écoute dévotement les litanies.

Théodore **Moller**. 1812.

Portrait d'une jeune fille endormie. Elle est tête nue, en chemise de toile avec garniture, les bras croisés et appuyée contre le dossier de sa chaise, dont le coussin, d'un rouge vif, fait repoussoir.

Théodore **Bruni**.

Portrait d'un jeune garcon, fils du peintre. Tête un peu penchée. Belle chevelure blonde. Vêtement bleu clair. Forme ovale.

Alexis **Tchernichev**. 1826—1863.

Le joueur d'orgue de Barbarie, posté devant un perron, les yeux levés sur les fenêtres du premier. Groupe de curieux autour de l'homme au singe; ramoneur, soldat de police prenant une prise de tabac; laitière, petits enfants. Très-vrai, très-bien senti, d'une couleur chaude et harmonieuse. Waagen. Daté 1852.

Sylvestre **Schédrine**.

Vue de Rome. Pont du Tibre et Château Saint-Ange. Au loin, le Vatican.

Sternberg.

Portrait d'un Vieillard, type italien. Tête d'étude. Pendant du portrait de jeune homme.

Paul **Fédotov.** 1816—1852.

La Veuve. Jeune femme en robe de deuil avec pleureuses, vue de profil à droite, accoudée sur une commode où sont le portrait d'un militaire et une image. A droite sur une chaise est une chandelle allumée qui a servi à mettre les scellés sur les objets de la succession, épars dans la chambre. Fond vert.

Théodore **Schwede.**

La partie de dames. Les deux adversaires, un vieux troupier narquois, sa pipe à la main, et un paysan rejeté en arrière, tout penaud de se voir battu, ont pour témoin de leur débat un paysan, coiffé d'un chapeau pointu, les mains gravement croisées sur le dos. A droite une femme à une fenêtre.

Michel **Lébédev.**

Paysage. Une vue d'Albano.

————

Fédotov.

Le Réveil de l'amphytrion. La tête en papillottes et les pieds nus; il est drapé dans sa robe de chambre où pend la croix, occasion et prétexte du régal de la veille. L'ignoble trogne du personnage se dessine en profil: il le prend haut avec une fille de cuisine qui pour toute réponse lui montre les semelles trouées d'une paire de bottes unique. Un chat réveillé en sursaut, étire ses quatre membres. — Appartement sens dessus-dessous : reliefs non d'ortolans, vaisselle brisée sur le plancher. Sous la tablé, un des convives endormi. Daté 1846.

Paul **Rizzoni,** né en 1823.

Auberge, en Petite-Russie, tenue par des Juifs.— Un juif madré, la tête abritée sous un vaste chapeau, les coudes sur la table, manie des roubles d'argent: il est occupé à régler un compte avec un paysan, chargé de gibier. Entre eux une femme, en tiers dans le marché.— A côté de l'aubergiste est debout son compère, vieux papelard qui moralise, en faisant un geste de dégoût, à la vue d'un pauvre diable atteint du mal de mer.

Fédotov.

La Visite de l'épouseur. On l'entrevoit à travers une porte, la main sur la hanche et fortillant sa moustache. La marieuse en titre d'office, *svakha*, vient de l'annoncer au père de la demoiselle; le bonhomme arrive, le sourire sur les lèvres, boutonnant sa houppelande pour être présentable. La jeune personne se détourne en minaudant, ce qui fait qu'on la voit de profil; sa mère, visiblement impatientée, la tire par la robe. Serviteurs apportant une collation. Sur le devant du tableau, un chat fait sa toilette.

Charles **Brulov**.

Son portrait, en convalescent. Tourné de trois-quarts à droite; son visage pâle et défait se détache en vigueur sur un fond rouge. Ce portrait est sans contredit la perle de la collection. — A mi-corps, grandeur naturelle. Ceintré par le haut.

Jacques **Kapkov**. 1816—1853.

Portrait d'une jeune femme, vue de profil. Elle est vêtue de deuil, sur la tête un voile noir en dentelle, qu'elle retient de la main. Forme ovale.

Brulov.

Tête du Christ couronné d'épines. En profil, fond brun.

Rizzoni.

L'Orgie. Convives attablés. Au centre un trio en joyeuse humeur, officier debout entre deux dames, dont l'une s'amuse à faire sauter le bouchon d'une bouteille de champagne. Le jet s'en va arroser un couple débraillé, placé en-deçà, à droite. Au fond, vieille mégère prise de bec avec deux ribleurs. A gauche, autre groupe gesticulant; dans l'angle deux militaires causant familièrement avec une dame.—Au côté opposé un monsieur tapant sur un piano; une dame établie près de lui suit ses imaginations. Décorations de la salle à l'avenant, Léda avec le cygne, Satyre, Vénus, le tout éclairé par une lampe pendue au plafond et deux bougies placées sur la table.

Lébédev.

Paysage. Vue aux environs d'Albano.

Socrate **Vorobiev.** 1817.

Un paysage. Château italien au bord de la mer. Daté 1849.

Léonidas **Jodeïko.**

Portrait de femme. En buste, vue de face; vêtue de noir.

Alexandre **Ivanov.** 1806—1858.

Portrait d'un jeune garçon. (Tête).

Jacques **Kapkov.**

Portrait de femme turque, tournée à gauche et coiffée d'un turban enrichi de perles.

IIIe SALLE.

M-lle Doubovitzky.

Une Chûte d'eau, formée par une rivière qui se brise
en écumant sur des quartiers de roches.

Nicanor **Tchernetzov.**

Intérieur d'une grotte, avec figures. Ruines d'un
édifice circulaire, près du village de *Bolgari,* sur les
bords du Volga (Kazan). Echappée sur le ciel à travers
les crevasses de la voûte.

J. **Ivanov.**

Paysage de Crimée. Arbres et eau. Au loin, montagnes vaporeuses.

Théodore **Tchoumakov.**

Son portrait. En trois quarts, tourné à droite. Fond
amaranthe.

Michel **Erassi,** né en 1823.

Vue du lac des Quatre-Cantons.

J. Ivanov.

Paysage en Crimée. Epais fourré et filet d'eau.

Krioukov.

Portrait d'un vieillard aveugle, père de l'artiste. — Buste, de profil.

Socrate **Vorobiev.**

Vie d'un couvent de Capucins, près d'Amalfi. Allée couverte; au fond une femme portant un vase sur la tête.

Alexis **Markov.** 1802.

Saint Eustache Placide, avec sa femme et ses enfants, dans l'arène, protégés par un lion (IIe siècle). Gladiateurs à pied et à cheval, combattant contre les bêtes du cirque.

Théodore **Lvov.**

Paysage. Villa noyée dans un massif de verdure. A gauche, des montagnes; à droite la mer.

J. Koukévitch.

Paysage d'hiver. Soldats dans une forêt de sapins, attisant un feu de broussailles. Effet de neige.

Julie **Balthus,**

Portrait d'une jeune fille. Vue un plus que de profil, les mains jointes pour la prière. Costume russe: sarafane et voile blancs, kokochnik noir bordé de perles. Collier et pendants d'oreilles en perles blanches. Daté 1834.

Nicanor **Tchernetzov.**

Vue des bords du Volga. Village de Krasnovidof, dans le gouvernement de Kazan. Daté 1839.

Peskof.

Allocution du bourgeois Minine aux habitants de Nijni-Novgorod.

Grégoire **Mikhaïlov.**

Jeune fille russe, faisant l'offrande d'un cierge.— Derrière elle, un vieillard à genoux, priant; à droite une femme avec un enfant sur les bras.—Figures de grandeur naturelle, jusqu'aux genoux.

Alexis **Bogolioubov.**

Mer houleuse. Barque conduite par des rameurs du Golfe de Biscaïe.

Entrée du Tage à Lisbonne. A droite, le phare; à gauche la ville.—Datés 1853.

Aïvasovsky.

Marine. Une écueil au milieu des flots. Gros temps; vaisseau battu par la tempête. Epaves; mouettes.

Léon **Lahorio,** né en 1827.

Paysage d'hiver. Vue de Vassili Ostrov; ancienne halle aux vins au bord de la route. Sur le premier plan, une femme conduisant un chariot de foin et deux paysans charriant un glaçon.—A gauche une étang gelé.

Khroutzky.

Fleurs et fruits sur un table. Melon, pêchès, citron à moitié pelé, raisins dans une corbeille et fleurs dans un vase de cristal. Rideau au fond.

Aïvasovsky.

Marine. Ilot au milieu de la mer. Effet de lune.
Vue de Saint-Pétersbourg.

Meier.

Vue du gouvernement de Poltava; bords du Psiol. Groupe de vieux arbres; une flaque d'eau miroite au travers. Bœufs couchés sous l'ombrage.

Comte Alexandre **Mordvinov.**

Marine. Le soleil donne en plein sur la surface de l'eau, sillonnée par plusieurs navires.

N. Tchernetzov.

Vue de Crimée. Cour d'une ferme tatare.

Aïvasowsky.

Marine. Côté de Crimée; écueils et dans le lointain, au sommet d'une montagne, le couvent de Saint-George. Effet de lune.

Marine. Vue de Constantinople: La Tour de Léandre.

Léon **Lahorio.**

Paysage. Bouquet de verdure au bord d'une eau. On aperçoit à travers l'épaisseur du feuillage le toit d'une maisonnette. Barque avec plusieurs personnes, près de l'escalier qui descend dans la rivière. Daté 1859.

Jean **Kœhler,** né en 1826.

Portrait de Galilée. En buste. Cheveux et barbe blancs. Il est drapé dans un ample manteau rouge et médite sur une sphère.

Petit chèvrier italien; assis sur un monticule, au bord de la mer. Boucs et chèvres.

Jean **Sokolov,** né en 1824.

Village en Petite-Russie. Vieillard entouré de ses petits enfants. D'un côté une hutte, de l'autre une croix de bois avec une image, ombragée par des tournesols. Sur un plan plus éloigné, une paysanne cheminant dans un champ de blé.

Baron Jean **Klodt** von Jürgensdorf.

Paysage. A gauche, grands arbres alignés, reflétés par l'eau d'une rivière. Cabane et sentiers avec échappées sur le ciel. Au loin, par delà le pont, bestiaux se désaltérant. A droite, une vaste plaine.

Jean **Kœhler.**

Pâtre italien. Buste de grandeur naturelle. Cadre oval.

Timothée **Neff**, né en 1805.

Femme italienne assise sur le seuil de sa maison.
Elle regarde au loin, abritant d'une main ses yeux.

Pierre **Chamchine**, né en 1810.

*Jeune fille transtévérine dansant en s'accompagnant
du tambourin.* En buste; grandeur naturelle.

Alexandre **Ivanov**.

*Le Précurseur saint Jean annonçant la venue du
Messie.*—Saint Jean, debout et de profil, domine la foule
accourue sur la plage déserte du Jourdain pour recevoir
le baptême. Les uns vont s'immerger dans les eaux du
fleuve, d'autres remontent sur la berge ou reprennent leurs
vêtements. Le moment de l'action est celui où le précurseur, à la vue du Christ qui apparaît sur le sommet de
la montagne, prononce ces paroles de l'Evangile : Voici
l'Agneau de Dieu, voici celui qui ôte les péchés du monde.

Deux études de têtes pour son tableau du Christ
apparaissant au peuple; l'une de femme l'autre de saint
Jean-Baptiste, toutes deux en profil; grande nature.

André **Ivanov**. 1775—1846.

Mort de Pélopidas. Son cadavre est étendu sur un
lit de camp. Au chevet, un personnage casqué, en manteau écarlate. Dans l'angle droit, un soldat panse la bles-
sure d'un camarade. Dans le fond, mêlée.

Tchoumakov.

Portrait d'une vieille femme. Sa tête est enveloppée dans un mouchoir; visage sillonné de rides. Daté 1847.

Constantin **Troutovsky,** né en 1827.

Petits-Russiens. Famille de paysans sur un chariot.

Basile **Pérov,** né en 1836.

Le Joueur d'orgue. Assis près d'un vieux mur en briques, et accoudé sur l'orgue, en tête à tête avec sa guenon. Daté 1863.

Le petit Ramoneur. Il est endormi sur le perron d'un édifice, sa marmotte dans les bras. Daté 1863.

Jean **Makarov.**

Portrait d'une petite fille. Cadre oval.

Aïvasovsky.

Marine. Mer moutonneuse; gros temps. Effet de nuit.

Charles **Steuben.**

Portrait du comte A. Adlerberg.

Jean **Kromskoï.**

Copie reduite, au crayon noir, d'après N. Gay: *La Cène.*

———

Lossenko.

Portrait de L. Henninger, secrétaire d'ambassade; costume du xviiie siècle.

Alexandre **Ivanov**.

Portrait de N. Gogol. En buste, vêtu d'une robe de chambre rouge. Quart de nature. Cadre oval.

Alexeïev.

Chapelle souterraine. Cryptes de Kiev.

Romanovsky-Bogolioubov, mort en 1867.

Paysage.
Marine.

Kiprensky.

Copie de la Madone au panier du Corrège, à la National Gallery, n⁰ 23.

Borovikovsky.

Portrait de Th. Labzine, vice-président de l'Académie des Beaux-Arts. Cheveux poudrés; habit violet. Dans la main un compas.

Alexis **Volkov**. 1762—1825.

Diane avec ses nymphes, surprises par Actéon.

Orlovsky.

Portrait en miniature d'un personnage inconnu. Type de physionomie petit-russien, très-prononcé. Cadre rond.

ECOLES ÉTRANGÈRES.

ANTICHAMBRE.

Jean-François **Millet**, dit *Francisque;* né à Anvers en 1644, mort à Paris en 1680. Elève de Lorens Franck. Ecole flamande.

n° 44. *Intérieur de forêt où passe une rivière.* Au loin, montagnes bleues. Sur le devant, à l'ombre de grands arbres, deux hommes, l'un assis, l'autre étendu sur l'herbe, causent avec un femme qui porte un panier de raisins. Bon tableau.

Jan **van der Bent**, né à Amsterdam en 1650, mort en 1690. Elève de P. Wouwermàn et d'Adriaan van de Velde. Ecole hollandaise.

n° 113. *Paysage.* Deux voyageurs, un homme et une femme accompagnés d'un chien, demandent leur chemin à un pâtre, monté sur son âne et gardant le bétail. Deux vaches; moutons, chèvre. A droite, rochers.

nᵒ 112. ***Bestiaux dans un pâturage.*** Sur le devant de la composition, près de deux arbres, une vache blanche, tachetée de noir, pose sa tête sur le dos d'une rousse, toutes deux debout; une troisième se présente de face. Chèvre, brebis. A gauche, devant une chaumière ombragée d'arbres, est assise une femme qui nettoie, sur ses genoux, la tête d'un petit garçon. Un autre, blotti par terre, attend son tour. Bons tableaux.

Pieter **van Bloemen**, surnommé *Standaart*, né à Anvers en 1649, mort en 1719, dans cette même ville. Ecole flamande.

nᵒ 47. ***Halte de cavaliers dans une hôtellerie.*** Un écuyer emmène par la bride deux chevaux sellés; derrière lui, au fond, un autre écuyer monté sur un cheval noir, est entrevu de face. Ils sont assistés d'un garçon d'écurie, en bonnet de coton et occupé auprès d'un cheval blanc, posé en travers devant un ratelier, et lançant une ruade. Dans le coin à gauche, un chien couché. Porte cochère grande ouverte.

Jan **van der Heijden**, né à Gorkum en 1637, mort en 1712. Ecole hollandaise.

nᵒ 105. ***Paysage.*** La partie de gauche est occupée par une église gothique dont le clocher domine de petits arbres élancés qui s'alignent vers le centre et ombragent une maisonnette. A l'autre bord d'un ruisseau, sur un terrain élevé, château avec son beffroi. Figurines peintes par Adriaan van de Velde. Signé du monogramme.

Philips **Wouverman**, né à Haarlem en 1619, mort en 1668. Elève de Jan Wijnants. Ecole hollandaise.

n° 91. *Paysage*. Au milieu de la composition, sur un monticule, un soldat en hoqueton rouge, le fusil sur l'épaule, et deux cavaliers dont l'un cause avec le piéton; l'autre monté sur un cheval blanc, gravit le tertre. Trois autres figures sont entrevues entre les pieds des chevaux. Dans l'angle de droite, un paysan assis contre une roche, absorbé dans un détail de toilette. Bon tableau de sa deuxième manière. Signé PH. W.

Lucas **Jacobs**, dit **Lucas van Leyden**, né en 1494, mort en 1533. Elève de Cornelis Engelbrechtsen. Ecole hollandaise.

n° 69. *L'apôtre saint Paul sur le chemin de Damas*. Au centre, un groupe nombreux de personnages bardés de fer et coiffés de casques empanachés, quelques-uns enturbanés et vêtus de cottes d'armes bordées de fourrures, à pied ou montés sur des chevaux richement caparaçonnés. Piqueur menant deux lévriers en laisse. La troupe hérissée de lances défile sur un chemin bordé de rochers. A droite, plus au loin, devant un groupe de figurines, un cavalier s'est abattu avec son cheval. Ancienne copie, évidemment, d'un tableau célèbre (Waagen).

Pieter **van Bloemen**, dit *Standaart*, 1649—1719. Ecole flamande.

n° 46. *L'Abreuvoir*. Un berger, agenouillé devant une auge, fait boire deux cochons. Plus à droite, deux vaches debout, une troisième gris souris, couchée près d'un groupe de saules. A gauche, derrière le berger, un cheval blanc accoté d'un roux et deux autres vaches couchées; tout-à-fait sur le devant, trois porcs couchés. Signé du monogramme PVB. Bon.

Francesco **Solimena**, surnommé *l'abbate Ciccio*, né à Nocera en 1657, mort en 1747. Ecole napolitaine.

n° 186. *Saint Martin partageant son manteau avec un pauvre*. Le soldat, le casque en tête et revêtu de son armure, est debout à côté d'un beau cheval blanc. Il partage en deux, avec son glaive, le manteau écarlate dont il abandonne une moitié au vieillard prosterné à ses pieds. Légionnaires près de leurs tentes. Dans les airs, groupe d'anges portés sur des nuages. Bon tableau du maître.

Rembrandt van Ryn, né à Leyde en 1606, mort à Amsterdam en 1669. Elève de J. van Svanenburg et de P. Lastman. Ecole hollandaise.

n° 77. *Loth enivré par ses filles*. Loth, coiffé d'un turban et vêtu à l'orientale, est entre ses deux filles dont l'aînée, tournée de profil vers son père, lui passe une main sous le menton et de l'autre lui présente un hanap. Figures de grandeur naturelle, coupées aux genoux. Signé Rembrandt 1...

nº 78. *Esther présente Mardochée au roi Assuérus.*
Le roi, coiffé d'une tiare à aigrette et revêtu de la pourpre, le
sceptre en mains, est assis sur un siége élevé; plus bas, à
sa gauche, la reine Esther, vêtue d'une robe de soie blanche.
Derrière elle se tiennent debout deux jeunes filles, dont
l'une porte sur le bras un petit chien. A droite, Mardochée, en simarre noire, fait son apparition. Tiers de
grandeur naturelle. Signé Rembrandt f. 1660.

nº 75. *Décollation de saint Jean.* Il est agenouillé
devant le billot, les mains jointes et se recueille. Derrière
lui au fond, plusieurs figures de femmes. A gauche, dans
l'angle, le bourreau tourné de profil, a une main posée
sur la poignée du glaive; il attend pour le tirer du four-
reau que le saint ait fini sa prière. Tableau de la dernière période.

Jean **Miel**, nommé *Bicker* et *Giovanni delle Vite*
ou *Samieli*, né à Anvers en 1599, mort à Turin en 1664.
Elève de G. Seegers et d'Andrea Sacchi. Ecole flamande.

nº 30. *Concert en plein vent dans une ville d'Italie.*
Bande de musiciens ambulants, au milieu d'une cour.
Echappée sur la campagne. Bonhomme portant un paquet
de hardes sur l'épaule en éclaireur; un autre chevauchant
de conserve, sur un baudet. Bon.

Lucas **van Uden**, né à Anvers en 1595, vivait encore
en 1662. Ecole flamande.

nº 26. *Paysage.* Au milieu, un grand arbre étend au
loin ses branches touffues; eau et montagnes. Sur le

premier plan, groupe de figures: le Christ entouré de ses disciples. Authentique, bon.

Pier-Francesco **Mola**, né à Coldre, dans le Milanais, en 1612, mort à Rome en 1668. Elève de Prosper Orsi et de Joseph d'Arpin. Ecole bolonaise.

n° 181. *Poète dictant ses vers.* Vieillard feuilletant sur un table un cahier d'écriture. Il se retourne vers l'adolescent qui écrit sous sa dictée; celui-ci, vu de face, est coiffé d'un béret avec une plume blanche. Spirituel, mais de facture expéditive. Figures à mi-corps, de grandeur naturelle.

Gérard de **Lairesse**, né à Liége en 1640, mort à Amsterdam en 1711. Ecole hollandaise.

n° 110. *Cérémonie nuptiale païenne.* Une jeune fille, couronnée de myrtes, est prosternée devant l'autel de Vénus, dont la statue en bronze s'élève sur un socle jonché de roses. Derrière la jeune fille, un couple apportant des offrandes. Excellente toile.

Guido **Reni**, né en 1575 à Calvenzano, près de Bologne, mort en 1642. Elève de D. Calvaert et des Carrache. Ecole bolonaise.

n° 176. *L'apôtre saint Pierre.* Il est assis, vu de face et accoudé sur un appui. Sa tête repose sur la main droite. Demi-figure, de grandeur naturelle. Bon tableau de l'école ou ancienne copie d'après le maître.

Léonardo da **Vinci**, né en 1452 au château de Vinci, dans le Val d'Arno, près Florence, mort au château de Cloux, près d'Amboise, le 2 mai 1519. Elève d'Andrea del Verrocchio. Ecole florentine.

Copie modifiée de la fameuse *Cène* qu'il peignit à l'huile, sur les murs du réfectoire du Couvent de Sainte-Marie-des-Grâces, en 1497. La tradition orale attribue cette copie à *Veneziano Terzio*. Ne serait-elle pas plutôt de *Francesco Terzi*, né à Bergame vers 1520, mort vers 1600, à Rome?

Gaudenzio **Ferrari**, né en 1484 à Valdugia près Milan, mort en cette ville vers la fin de 1549. Elève de Girolamo Giovenone. Ecole lombarde.

n° 145. *Nativité*. Au centre, la vierge Marie prosternée devant l'enfant Jésus déposé à terre. Elle porte un ample manteau vert doublé de rouge. A sa gauche est un vieux berger, vêtu d'un manteau vert foncé avec un doublure orange, à genoux, s'appuyant sur un bâton et soulevant sa barette. A droite, autre berger, tête nue, agenouillé et deux enfants, l'un penché sur le petit Jésus dont il soutient la tête. Au-dessus, deux séraphins déployant une banderole. Cintré. Ancienne copie; le berger avec l'angeau a remplacé le cardinal, de profil et en pied, du tableau original, au musée de Bruxelles (n° 263). Gravé par Landon t. 4 pl. 2.

Paolo **Farinato degli Uberti**, né à Vérone en 1522 ou 1524, mort en 1606. Elève de Niccolò Giolfino et d'Antonio Badile. Ecole vénitienne.

n° 160. *Adoration des mages*. La sainte Vierge, avec l'Enfant au giron est assise, en profil, sur un siége entre deux colonnes. Près d'elle, saint Joseph debout. En arrière, le bœuf et l'âne. Sur le milieu, un vieux roi mage, vêtu de brocart, est prosterné au pied du trône. Il est suivi des deux autres rois avec leur suite. A l'extrême bord à droite, valet arrêtant un cheval blanc. Dans les airs, une gloire d'anges. Cadre en lozange, à échancrures.

Pierre **Bout** et Anton Frans **Boudewyns,** nés à Bruxelles, florissaient vers la fin du xviie siècle. Ecole flamande.

n° 52. *Paysage traversé par une rivière.* Pont à quatre arches et fabriques. Nombreuses figures se détachant très-bien ; à gauche deux cavaliers précédés d'un chien. Du côté opposé, un villageois monté sur un mulet; une femme vue de dos, un panier au bras et accompagnée d'un chien. Un troisième cavalier remonte le chemin qui conduit la forêt. Bon. Signature peu lisible.

Lucas **van Uden,** 1595—1662. Ecole flamande.

n° 27. *Train de chariots défilant dans un paysage montueux et boisé.* Un villageois conduisant un tombereau, descend la route et se croise avec deux rustres en charrette. Plus à droite, une femme suivie d'un petit garçon. A gauche, dans un pli du terrain, maisonnettes parmi des arbres; bétail dans l'eau, se désaltérant à l'ombre. Au loin, un troupeau de moutons. Bon tableau, d'un ton olivâtre.

Pietro **Liberi,** dit *il Libertino;* né à Padoüe en 1605, mort à Venise en 1687. Elève du Padouan. Ecole vénitienne.

Samson trahi par Dalila. Samson est endormi, la tête renversée, sur les genoux de Dalila. Elle est nue jusqu'à la ceinture, parée d'un collier et de bracelets de perles. On aperçoit, dans l'ombre, les soldats philistins. Figures de grandeur naturelle.

Nicolas **Berchem,** né à Haarlem en 1624, mort à Amsterdam en 1683; élève de van Goyen et de Jan Weeninx. Ecole hollandaise.

n° 101. *Paysage.* Berger conduisant son troupeau. Le pâtre est armé d'une gaule et posé en avant de trois vaches habilement groupées. Plus loin, trois autres figurines, cavalier et piéton. Au milieu, une tour ronde, tombant en ruines; arbres. Montagnes à l'horizon. Signé N. BERCHEM. Bonne toile.

Aart van der **Neer,** né à Amsterdam en 1613, mort dans cette ville en 1683. Ecole hollandaise.

n° 90. *Patineurs sur un étang glacé, encadré dans un paysage d'hiver.* Rangée de maisonnettes et d'arbres dépouillés de feuilles; à droite un moulin à vent. Homme poussant un traîneau avec un enfant; bonne vieille suivie d'un chien. Signé du monogramme. Bon.

Johann **Lingelbach**, né à Francfort-sur-Mein en 1625, mort à Amsterdam en 1687. Ecole allemande.

n° 61. *Vue d'un port de mer.* Quai avec figurines de matelots, occupés à décharger des marchandises. Au fond, à gauche, un vaisseau. Signé J. Lingelbach. Joli tableau.

Leandro da **Ponte**, dit *il Bassano,* né à Bassano en 1555, mort en 1623. Elève de son père Jacopo. Ecole vénitienne.

n° 164. *Adoration des bergers.* La Vierge vêtue d'une robe rouge est assise par terre, tenant devant elle, sur un lange, le petit Jésus qu'elle présente à l'adoration des bergers. Il y en a trois : deux sur le devant, un vieillard, vu de dos, la tête tournée à droite, et un jeune garçon en veste rouge, de profil, penchés sur l'enfant; le troisième est par-delà, près de saint Joseph. A gauche, derrière les pâtres, l'âne et le bœuf, fort à l'aise dans ce nid de verdure, avec une éclaircie sur le ciel. Effet de nuit. Bon.

Luca **Giordano**, dit *Fa presto,* né à Naples en 1632, mort dans le même ville en 1705. Elève de Fr. Ribeira et de Pietre de Cortone. Ecole napolitaine.

n° 184. *Sujet allégorique.* La Justice, personnifiée sous les traits d'une belle femme, coiffée du casque de Minerve, est désarmée par le Vice, hideux vieillard qui va lui enlever le glaive, et l'Amour qui déjà s'est emparé de la balance:

il est escorté de deux nymphes. Au pieds du groupe gît le cadavre d'une autruche. Génies ailés dans les airs. Figures de grandeur naturelle. Vaillante peinture.

Franceschino **Carracci**, frère puiné d'Augustin et d'Annibal Carracci; né à Bologne en 1595. Il fut élève de Louis et mourut fort jeune en 1622.

Madone avec l'enfant-Dieu, portée par des nuages et entourée d'anges. Elle apparaît, dans une gloire, à un saint et une sainte qui l'adorent à genoux. Le groupe supérieur est plein d'attrait, gracieuses figures.

Gr. **De Lacroix**, xviie siècle; élève de Joseph Vernet. Ecole française.

n° 198. *Marine*. Signé Gr. De la Croix. f. Rom. 1754.

n° 199. *Marine*. Effet de lune. Signé Gr. De Lacroix. f. Romæ. 1755.

David **Teniers**, le jeune; né à Anvers en 1610, mort à Bruxelles en 1694. Elève de son père David Teniers le vieux et de Rubens. Ecole flamande.

n° 38. *La Paix*. Un homme en barette rouge ornée d'une plume, passe affectueusement le bras sur l'épaule d'une femme dont il tient une main dans les siennes. Le couple est à l'écart, près d'un groupe d'arbres. Sur la droite, devant une auberge de village, danse de paysans. Bon tableau, dont nous retrouverons le pendant, «*la Guerre*», dans le Cabinet des Médailles. Tiers de nature. Excellent. Signé D. Teniers.

Rembrandt van Ryn, 1606—1669. Ecole hollandaise.

n° 76. *Abraham congédiant Agar*. Le patriarche, une main posée sur l'épaule de l'esclave, la renvoie. Le petit Ismaël se retourne vers son père pour lui décocher une flèche. Fond de paysage. Signé Rembrandt. fec. 1637.

Jean **Miel**, 1599—1664. Ecole flamande.

n° 31. *L'Annonce aux bergers*. Sur la droite, en avant d'une chaumière adossée à des ruines, est assise la Vierge avec l'Enfant sur le giron, qu'adorent à genoux plusieurs bergers; le groupe est éclairé par la lumière qui émane du Christ. De l'autre côté de la rue est un autre groupe de bergers. Fond de paysage, arbres. Joli, dans les conditions d'un tableau de genre.

Aart van der **Neer**, né à Amsterdam en 1619, mort dans la même ville en 1683. Ecole hollandaise.

n° 89. *Incendie dans une ville*. A droite, une maison en flammes, reflétée par l'eau de la rivière. Autres édifices alignés sur le même plan; église avec son clocher; dans l'ombre. De ce côté-ci, barque avec figures, vivement éclairée. Effet de nuit. Signé du monogramme.

Johann Heinrich **Roos**, né à Otterndorf en 1631, mort à Francfort-sur-Mein en 1685. Elève de J. Dujardin et de A. de Bye. Ecole allemande.

n° 62. *Berger et bergère gardant le bétail.* A droite une belle vache blanche tachetée de roux, debout en raccourci; chèvres et brebis couchées. Le berger est couché en travers sur le toit d'une chaumière, le haut du corps appuyé sur les coudes, près de sa bergère.

Pietro **Berrettini**, dit *Pietro da Cortone;* né à Cortone en 1596, mort à Rome en 1669. Elève de Andrea Commodi et de Baccio Carpi. Ecole romaine.

n° 135. *Agar de retour chez Abraham.* Le patriarche, debout au pied d'un arbre, reçoit l'esclave qui revient guidée par un chérubin. Sarah, assise à droite, paraît disposée à l'accueillir avec bonté. Fond de paysage.

Gravé dans l'ouvrage de Labensky, pl. 58. La galerie du Belvédère, à Vienne, en possède une répétition, avec changements (salle III du I^r étage, n° 33.) V. la Galerie de Vienne, par Ch. Haas, pl. 85.

n° 134. *Alliance de Jacob et de Laban.* «Laban et Jacob sont debout devant un autel sur lequel ils viennent d'immoler un bélier; Lia et Rachel se tiennent également debout, avec leurs enfants, à l'ombre d'arbres où est attachée une draperie. A droite, sur le premier plan, un serviteur, couronné de lierre, ramasse du bois pour consumer la victime. »

Réplique du tableau au Musée du Louvre. Landon, t. 3. pl. 23. Waagen, Kw. in Engl. u Paris III, p. 516.

Isaac **Moucheron**, né à Amsterdam en 1670, mort dans la même ville en 1744. Ecole hollandaise.

Trois paysages.

n° 120. *Vallée avec une large pièce d'eau:* deux troupeaux. Signé Moucheron f. 1668. Excellent.

n° 121. *Paysage.* Voyageurs faisant route.

n° 122. *Voyageurs assaillis par des soldats en maraude.* Signé Moucheron f.

Toutes deux de belle qualité.

Peter **Tillemans**, né en 1684, mort en 1734. Ecole flamande.

n° 49. *Choc de cavalerie.* Belle toile. Cavalier démonté au pied d'un arbre, près d'un cheval blanc couché. Autre cheval abattu sur le devant. L'action s'engage à droite. Signé P. Tillemans f.

Job **Berckheyden**, né à Haarlem en 1626, mort dans cette ville en 1693. Ecole hollandaise.

n° 119. *Chasse au faucon.* Dans la manière de Wouwermans.

Excellentes toiles, selon Waagen.

1re **SALLE.**

Léandro da **Ponte**, *il Bassano*, 1555—1623. Ecole
vénitienne.

n° 165. *Apprêts de la sépulture de Jésus*. Le corps,
étendu au pied de la croix, est supporté par Joseph
d'Arimathie. Derrière lui, près de l'échelle, Nicodème. Aux
pieds du Christ, la Vierge, soutenue par une sainte femme,
se penche vers son fils; à côte d'elle, Marie-Madeleine, à
genoux; plus loin, l'apôtre saint Jean. Un cierge allumé
éclaire la scène.—Bon.

Evidemment une répétition de la *Mise au tombeau*
de Jacopo Bassano, à la Galerie du Louvre, n° 303, qui
semble à M. Viardot appartenir plutôt à Léandro. Musées
de France p. 60—61.

Hyacinthe **Rigaud**, né à Perpignan, en 1659, mort
à Paris en 1743. Ecole française.

Portrait d'homme. Il est vu presque de face, tête
nue, vêtu d'une robe de chambre brune; la main droite

appuyée tout du long sur une table, la gauche mi-levée, par un geste de démonstration.

Christian-Wilhelm-Ernst **Dietrich**, né à Weimar en 1712, mort à Dresde en 1774. Ecole allemande.

Portrait d'homme âgé. Il est tourné de profil à droite, coiffé d'un chapeau à grands bords, et a sur les épaules un manteau vert bordé de galons, retenu au moyen d'une attache.

nº 65. *Portrait d'un vieillard.* La tête est de face; visage ridé, cheveux gris tombant sur le cou. Il porte un bonnet et une pelisse de fourrure. Bon.

Jan **Verkolie**, né à Amsterdam en 1650, mort à Delft en 1693. Elève de J. Lievensz. Ecole hollandaise.

nº 111. *Le Concert.* Une dame en robe de soie blanche et châle jaune, est assise tournée de profil à droite, accoudée sur une table. Elle tient d'une main un flageolet, de l'autre, un cahier de musique et parle à un jeune homme, assis en face. Ce cavalier, avec ses belles boucles de cheveux châtains et son collet de dentelle, a fort bonne grâce. Il a son violon posé devant lui et paraît très-attentif. Joli tableau.

Joseph **Simler**, mort en 1865.

Mort de Josaphat Kuncevicz, archevêque de Polotzk en 1629. Figures de grandeur naturelle.

Luca **Giordano**, surnommé *Fa presto;* 1632—1705. Ecole napolitaine.

n° 183. *Sacrifice d'Abraham.* — Le jeune Isaac, un genou sur la pierre de l'autel, le corps penché en avant, est soutenu par son père, qui se retourne à la voix de l'ange. Plus bas, dans le coin à gauche, deux serviteurs auprès de l'âne. Dans les airs, des têtes de chérubins. Belle toile.

Domenico **Feti**, né à Rome en 1589, mort à Venise en 1624. Elève de L. Cigoli. Ecole romaine.

n° 133. *Sacrifice d'Abraham.*—Isaac, adolescent, est renversé les mains liées derrière le dos, sur le bûcher dressé au pied d'un arbre. Abraham se rejette en arrière et lève la tête à la voix de l'ange qui s'abat verticalement, la tête en bas. Dramatiquement conçu, d'une exécution soignée. (Waagen.)

Gérard **Dov,** né à Harlingen en 1613, mort à Leyde en 1680. Elève de Rembrandt. Ecole hollandaise.

n° 88. *Ermite en prières.* Il est à genoux, devant un crucifix, les mains jointes sur une bible imagée. Près de lui, au pied d'un tronc d'arbre, un chapelet; sablier et tête de mort. La lanterne en corne est suspendue à l'entrée de la grotte. Dans l'angle de droite, un grand et beau chardon. Ancienne copie.—(Original à Dresde n° 1140; trois copies à Munich; et le *saint Antoine* de la galerie Esterhazy).

Pieter **Neefs** le vieux; né à Amsterdam, vers 1570, mort en 1651. . Elève de Hendrik van Steenwijk. Ecole flamande.

nº 11. *Intérieur d'une église gothique.* Prêtre célébrant l'office; assistants. Bien éclairé. Signé P. **Neef**. 1...

Hendrik Martensz **Rokes**, surnommé *Sorgh;* né à Rotterdam en 1621, mort en 1682. Elève de D. Teniers et de Willem Buytenweg. Ecole hollandaise.

nº 100. *Soldats jouant aux dés sur un tambour.* Des deux partners, sur le premier plan à droite, l'un est en armure, l'écharpe en sautoir, et a un mouchoir autour du front en manière d'appareil. L'autre agenouillé par terre, serait plutôt un petit paysan. Deux soldats accotés au mur, l'un en manteau rouge et coiffé d'un chapeau, l'autre en cuirasse et appuyé sur sa lance, les regardent jouer. Intérieur de corps de garde, avec une porte cintrée au fond; sur le devant, plusieurs autres figures.

Herman van der **Mijn**, né en 1684, mort en 1741. Ecole hollandaise.

nº 123. *Portrait de femme tenant une bourse.* Elle est en robe de soie verte, assise, la tête vue de face et lève d'une main une bourse qu'elle montre en riant. Ses cheveux, d'un blond cendré, sont ornés d'un cordonnet de perles. Devant elle, sur un plateau, une bouteille clissée et un bocal rempli de vin, des raisins et des pêches. — Signé HVMYN. Original.

Gerbrandt **van den Eeckhout**, né à Amsterdam en 1621, mort en 1674. Elève de Rembrandt. Ecole hollandaise.

n° 96. *Abraham congédiant Agar*. Le patriarche, vieillard décrépit, debout appuyé sur une béquille, renvoie d'un geste l'esclave qui s'éloigne en pleurant. Le petit Ismaël, montrant de face sa jolie tête blonde, s'en va d'un pas délibéré, un paquet sous le bras; un chien les précède. Sarah est assise à sa fenêtre; Isaac entre ses parents, tristement accoudé sur un mur d'appui.

Hans **Holbein** *le jeune;* né à Augsbourg en 1495, mort à Londres en 1543. Ecole de Souabe.

n° 57. *Portrait de Didier Erasme*. Il est en trois quarts tourné à droite, coiffé d'une toque noire et vêtu d'une robe de même couleur, garnie de fourrure; assis et les deux mains posées sur un livre avec une reliure rouge. Ancienne copie. Originaux célèbres au Louvre (n° 208) à Hamptoncourt (n° 331), Longford-Castle, Kensington-Palace Bâle, Naples, Parme, Turin, Vienne, Dresde, Anvers (n° 86) Amsterdam (n° 138) St-Pétersbourg (n° 465), Carlsruhe (n° 392).

Maria Anna Angelica **Kauffmann**, née à Coire en 1741, morte à Rome 1807. Ecole allemande.

n° 68. *Portrait d'une dame turque brodant au tambour*. Elle est représentée de profil à gauche, coiffée d'un turban et vêtue d'un habit de satin blanc orné de broderies et de galons. Large pantalon et babouches jaunes. A ses pieds est un bahut. Signé Angelica Kauffman Pinx, 1773.

Iohann **Rotenhammer**, né à Munich en 1564, mort à Augsbourg en 1623; a pris le Tintoret pour modèle. Ecole allemande.

n⁰ 58. *Sainte-Famille*. La Vierge, avec l'Enfant au giron, est assise dans un jardin. Devant elle, sainte Elisabeth à genoux, présente à Jésus le petit saint Jean. Saint Joseph est assis à côté de Marie. Des anges voltigeant dans les airs étendent une draperie, d'autres apportent des corbeilles de fleurs et de fruits. Sur le second plan, une pièce d'eau encadrée dans le paysage; oiseaux aquatiques. Horizon borné par des montagnes.— Joli tableau. Répétition de celui de la Pinacothèque, à Munich, avec figures, fleurs et fruits peints par Brueghel (VIII, 171).

Jan **Griffier**, surnommé le *Gentilhomme d'Utrecht;* né à Amsterdam en 1645, mort à Milbank, en Angleterre, après 1720. Elève de Ph. Wouwerman. Ecole hollandaise.

n⁰ 114. *Paysage*. Ville bâtie sur les deux penchants d'une colline et dominée par un château, à gauche. Au pied du côteau coule une rivière; barques. Au loin, montagnes. Grand nombre de figurines.

G. Anton **Palamedess**, surnommé *Stevens*; né à Delft en 1604; mort dans cette même ville en 1680. Ecole hollandaise.

n⁰ 84. *Concert*. Une dame vêtue d'une robe de soie jaune, assise et vue de profil, tient dans la main son livre de musique et chante. Un cavalier, coiffé d'un chapeau à plumes, l'accompagne sur un luth. Près d'eux, debout devant une table, un homme en noir paraît les écouter. Au fond, sur le milieu, deux autres figures. Bon original. Signé P. Palamedes.

Peter **Wouwerman**, né à Haarlem en 1623, mort en 1683. Elève de son frère Philips. Ecole hollandaise.

n° 103. *Un Camp.* Cavaliers devant une tente au sommet de laquelle flotte un drapeau ; officier supérieur monté sur un cheval blanc et suivi d'un trompette qui sonne le boute-selle. A gauche, dans l'angle, soldat à pied et porte-enseigne. Au fond, tentes d'un camp; figurines. Bon; signé du monogramme PW.

Claude-Joseph **Vernet**, né à Avignon en 1714, mort à Paris en 1789. Ecole française.

n° 197. *Marine.* Vue d'un port de mer éclairé par la lune, qui est en son plein. Navire à l'ancre, et sur le rivage à droite, un homme assis et une femme debout, pêchant à la ligne. A gauche, constructions du port.

n° 195. *Côte de la mer, avec ruines.* Sur le premier plan, à droite, des mariniers remettent à flot une barque. Au fond, un bâtiment voilier. Signé J. Vernet f. Romæ 1746.

n° 196. *Marine.* Sur le rivage à gauche, un tronc d'arbre; ruines tapissées de verdure. Bâtiment voguant à pleines voiles. Figures. Signé J. Vernet f. Romæ 1746.

Tous trois de sa première manière, excellents.

Philips **Wouwerman**, 1619—1668. Ecole hollandaise.

n° 94. *Retour de la chasse.* Cavalcade rentrant sous le toit d'un hangar. Sur le devant, une dame, près de sa haquenée, se fait arranger la chaussure par un piqueur, en casaque rouge, la trompe en bandoulière. En arrière dans l'ombre, deux cavaliers et un valet tenant deux chevaux par la bride. Vers le milieu, deux chevaux libres, un blanc et un roux. Dans le coin de gauche, une femme avec un enfant dans les bras. Au fond, encore un cavalier entrant par une porte ouverte sur la campagne. Deuxième manière, bon. Signé du monogramme.

Bartholomeus **Breenbergh,** né à Utrecht en 1615, mort à Rome après 1663. A imité Corn. Pœlenburg. Ecole hollandaise.

n° 95. *Bain de Diane.* La déesse, sous les traits d'une beauté flamande, est assise sur le rivage, entourée de ses nymphes. Une vieille négresse déploie un parasol au-dessus du groupe. Cor de chasse, carquois, flèches, épars sur le gazon. Près de la rive opposée deux autres nymphes dans l'eau. Bonne qualité.

Iohann **Rotenhammer,** 1564—1623. Ecole allemande.

n° 59. *Sainte-Famille.* La vierge Marie, la tête ceinte d'une auréole, est en robe rouge. Assis sur les genoux de sa mère, l'enfant Jésus se penche vers le petit saint Jean qui lui offre une grappe de raisins. Saint Joseph est à gauche.

Jan **Asselin,** dit *Crabatje;* né à Diepen, près Amsterdam, en 1610, mort en 1660, à Amsterdam ou à Anvers. Elève d'Esaïas van den Velde et de Jan Miel. Ecole flamande.

n° 43. *Paysage.* Site montagneux avec des ruines sur le côté gauche. A droite, pâturage avec un troupeau gardé par deux bergers. Au fond, des montagnes. Très-achevé; signé du monogramme A.

Pieter **Wouverman**, 1623—1683. Ecole hollandaise.

n° 102. *Cavaliers hongrois aux prises avec des Turcs.* L'action est engagée sur le premier plan. Les Turcs arrivent du côté droit, bride abattue; leurs adversaires les attendent de pied ferme, appuyés de fantassins qui ripostent par un feu de mousqueterie. Un cavalier embouche la trompette et sonne la charge. Au fond, à travers la fumée, des remparts. Copie d'après Philips Wouwerman, selon Waagen.

n° 104. *Combat de cavalerie.* Sur le premier plan, au milieu plusieurs cavaliers, mêlée. A droite deux autres arrivent au galop. Figures grandes d'un pied. Une de ses plus belles toiles.

Jan **van Goijen**, né à Leyde en 1596, mort à la Haye en 1656. Ecole hollandaise.

n° 73. *Château sur le rivage de la mer.* Sur le premier plan, à gauche, barque de pêcheurs sur l'eau, figurines; sur le rivage et à l'horizon, une voile.

Francesco **Mazzuola**, dit *il Parmegianino;* né à Parme en 1503, mort en 1540. Elève de Michiele et Pier-Ilario Mazzoli, ses oncles. Ecole lombarde.

n° 150. *Nativité du Seigneur.* Au milieu de la composition, la vierge Marie, assise de l'autre côté du berceau où repose l'Enfant, s'apprête à lui donner le sein. Sur le devant, plusieurs anges agenouillés. A droite, saint Joseph debout, appuyé sur son bâton; et plus en arrière, deux autres anges, chantant. A gauche, les bergers. Fond de paysage avec ruines d'architecture. Dans les cieux, une gloire de chérubins. Ancienne copie.

Gerhard **Honthorst**, dit *Gherardo delle notti;* né à Utrecht en 1592; peignait encore à la Haye en 1660. Elève d'Abraham Bloemaert. Ecole hollandaise.

n° 72. *Soldats jouant aux cartes.* L'un des joueurs, assis de dos, la tête tournée de profil, tient son jeu devant la chandelle qui éclaire la table et les visages des joueurs. Un homme posté derrière lui fait un signe d'intelligence au joueur en face, coiffé d'une toque à plumet. Près de celui-ci, une femme en corsage cramoisi compte ou examine des pièces de monnaie. Au bord de la table, à droite, est un personnage enveloppé, jusqu'aux yeux, dans un manteau écarlate. Figures de grandeur naturelle. Original.

Philipp Peter **Roos**, dit *Rosa di Tivoli;* né à Francfort-sur-Mein en 1657, mort à Rome en 1705. Elève de son père Iohann Heinrich Roos. Ecole allemande.

n° 63. *Troupeau de moutons parqués dans un*

pâturage. Un vieux berger, assis à gauche, caresse son chien. Bon.

Christian Wilhelm Ernst **Dietrich**, 1712 — 1774. Ecole allemande.

n° 64. *Sacrifice d'Abraham*. Le patriarche, vêtu d'une robe brune, les bras croisés sur la poitrine, est prosterné la face contre terre; près de lui Isaac, debout, la tête inclinée et les mains jointes; tous deux en prières devant le bûcher allumé. Bon.

Frans **Sneyders**, né à Anvers en 1579, mort en 1657, eut pour maîtres P. Brueghel le jeune, puis van Balen. Ecole flamande.

n° 19. *Fleurs et fruits*. Grappes de raisins dans un plat; à côté, sur la table, des abricots. Peinture magistrale, néanmoins, le d^r Waagen hésite à se prononcer.

Frans **Francken**, né à Herenthals (en Campine) ou à Anvers en 1544, mort dans cette dernière ville en 1616. Ecole flamande.

n° 1. *Adoration du Veau d'or*. A droite, autour d'une table chargée de vaisselle, un groupe d'hommes et de femmes, servis par des esclaves; sur le second plan à gauche, ronde d'Israélites dansant autour de la colonne. Dans l'angle de gauche sont trois musiciens: harpe, flûte et violon. Au fond, tentes des israélites et dans le lointain, Moïse avec les tables de la loi.

Inconnus:

n° 124. *L'Apôtre Saint-Pierre dans la prison*.

Intérieur d'une salle basse. L'apôtre est assis de face, le dos tourné contre une fenêtre grillée. Près de lui deux femmes dont l'une lit dans un livre, l'autre apporte sur sa tête une corbeille avec des fruits. Table et rayons d'une armoire chargés de vaisselle en argent. Ecole hollandaise.

n° 56. *Repas champêtre.* Société établie sur l'herbe, autour d'une collation. Sur le premier plan, à gauche, un homme en casaque rouge, debout au pied d'un arbre, allume sa pipe. Du côté opposé, autre groupe avec un danseur. Sur le devant un dormeur, entre un chien noir, couché, et un blanc qui rouge un os. Ecole hollandaise.

George **Dawe**, né à Bristol en 1775, mort en 1824. Ecole anglaise.

Portrait du géneral prince Madatov. En pied, de grandeur naturelle.

IIe SALLE.

Peter Paul **Rubens**, né à Siegen en 1577, mort à Anvers en 1640. Elève d'Adam van Noort et de Otto van Veen. Ecole flamande.

n° 13. *Mutius Scévola devant Porsenna*. Mutius Scévola, le poing sur le brasier, se retourne vers le roi qui est à gauche, entouré de ses gardes. Le cadavre du secrétaire est étendu gisant à leurs pieds. Composition bien entendue.

David **Teniers**, 1610—1694. Ecole flamande.

n° 36. *Paysage hollandais*. Maisons de village sur un terrain en pente avec jardins. Gens occupés à blanchir de la toile. Signé D. Teniers F. Tableau original, très-achevé, très-fini.

Jacob **Jordaens**, 1593—1678. Ecole flamande.

n° 22. *Les apôtres saint Paul et saint Barnabé à Lystra*. Au milieu du tableau, les deux apôtres sur les marches d'un péristyle. Derrière eux, près de la statue de Jupiter, le pontife, portant l'encensoir. Plus bas, sur le devant à droite, un groupe en adoration, offrant des couronnes de fleurs; un paralytique élève sa béquille. A gauche, apprêts du sacrifice : groupe d'hommes qui amènent un taureau blanc.—Magnifique toile.

Ludwig **Knaus**, né à Wiesbade. Ecole de Düsseldorf.

Portrait d'un moine franciscain. En pied; moitié grandeur naturelle.

Jan **Brueghel**, dit Brueghel *de Velours;* né à Bruxelles en 1568, mort à Anvers en 1625. Ecole flamande.

n° 6. *Gens de village attaqués par des brigands.* Au milieu de la campagne, sur un chemin montant, près de deux arbres, un homme armé d'une pertuisane arrête une voiture. Sur le devant, paysan et paysanne détroussés par d'autres voleurs. Dans le lointain, une ville; à l'horison se dressent deux potences. Excellent.

Jan **Miel**, 1599—1664. Ecole flamande.

n° 29. *Effets de l'intempérance.* Halte de Voyageurs dans un beau paysage italien. Au beau milieu un hallebardier, fort mal en point; à droite, gens empêchés de leur personne, cherchant l'ombre et le frais. Muletiers et mulets. Au fond près d'une barque sur l'eau, autre groupe avec un moine.—Qualité supérieure.

Peter-Paul **Rubens**, 1577—1640. Ecole flamande.

nᵒ 14. *Résurrection du Sauveur.* Le Christ ressuscité, tient à la main un rameau de palmier. Dans les airs, trois anges. Soldats gardant le sépulcre.

Ecole de **Rubens.**

nᵒ 16. *Sainte-Famille.* La Vierge avec l'enfant-Jésus et sainte Elisabeth. Demi-figures de grandeur naturelle.

Jakob **Jordaens.** Copié d'après Rubens.

nᵒ 25. *Jugement de Pâris.* Le berger est assis sous un arbre, à droite; son chien est couché à ses pieds. A gauche les trois déesses, reconnaissables à leurs attributs. Original à Dresde nᵒ 838.; à Londres; une réplique (National gallery nᵒ194), une copie endommagée au Louvre.

Pieter **Neefs** 1570—1651. Ecole flamande.

nᵒ 9. *Edifice gothique.* Cour intérieure et jardin, entouré d'une colonnade, promeneurs. Signé Peeter Neefs.

nᵒ 7. *Banquet dans une salle gothique.* Douteux.

Nicolas **Alemans,** xvııᵉ siècle. Ecole flamande.

nᵒ 51. *Nature morte.* Viande de boucherie, poissons, gibier. Fond noir.

Lucas **van Uden,** 1595—1662. Ecole flamande.

nᵒ 28. Etang ombragé d'arbres. Figures peintes par D. Teniers. Bon.

Pieter **Neefs**. 1570—1651. Ecole flamande.

n° 10. *Intérieur d'une église gothique*. Prêtre disant la messe devant l'autel.

Jan **van der Heijden**, 1637—1712. Ecole hollandaise.

n° 106. *Maison avec un jardin*. Promeneurs; deux femmes avec un enfant et un homme accompagné d'un chien. Signé VHEYDE. Excellent.

Giles **van Tilborg**, né à Bruxelles vers 1625, mort dans la même ville, vers 1678. Elève de D. Teniers le jeune et imitateur de Brouwer.

n° 42. *Le Duo*. Une bonne vieille, assise devant une table avec une cruche et un morceau de pain, chante. Un homme l'accompagne sur sa flûte. Au fond est placé un auditeur. Signé du monogramme T. B. Excellent.

Noël **Coypel**, né à Paris en 1629, mort en 1707. Ecole française.

n° 191. *Psyché en admiration devant l'Amour*. Le dieu est endormi sur sa couche; Psyché s'avance, une lampe à la main. Joli tableau.

Ferdinand **Bol**, né à Dortrecht en 1611, mort à Amsterdam en 1680. Elève de Rembrandt. Ecole hollandaise.

n° 87. *La Charité*. Elle est représentée par une femme vêtue de rose, assise et vue de profil, avec trois enfants.

L'un est folâtrant sur son giron; derrière elle un autre, ailé, la couvre d'un voile; un troisième, couronné de lierre, sur un pan de sa robe, joue avec une levrette. Pour fond, un rideau. Figures de grandeur naturelle. Excellent.

Antoni **van Dyk**, né à Anvers en 1599, mort à Londres en 1641. Elève de Rubens. Ecole flamande.

n° 34. *Portrait de Claire-Eugénie-Isabelle*, fille de Philippe II, en costume de religieuse. Il en existe plusieurs répétitions. Copie de son école.

n° 35. *Charité*, représentée par une femme accompagnée de trois enfants. Copie de l'école.

Jakob **Jordaens**, 1593—1678. Ecole flamande.

n° 24. Amours jouant avec des guirlandes et deux corbeilles de fleurs et de fruits. Ils sont au nombre de cinq, tous de grandeur naturelle. Selon Waagen, les fleurs et les fruits seraient de la main de *Jan Fyt* (né à Anvers en 1609, mort en 1661).

Antoni **Gryf**. Vivait à Anvers dans le milieu du XVIIe siècle. Elève de Fr. Snyders. Ecole flamande.

n° 50. *Gibier mort, gardé par un chien*. D'autres pièces de gibier, lièvre et perdrix, suspendus aux branches d'un arbre; gibecière, cor de chasse et fusil. Un beau papillon est posé sur le chardon à droite. Précieux.

Adriaan **Brouwer**, né à Haarlem en 1608, mort à Anvers en 1641. Elève de Frans Hals. Ecole hollandaise.

n° 85. *Intérieur de paysans hollandais.* La lumière pénêtre par une fenêtre à gauche. Groupe de paysans et de paysannes qui paraîssent écouter un vieillard. Signé Br...ver.

Salomon **Koninck**, né probablement en 1609 à Amsterdam, mort vers 1674. Elève de Nic. Moyaart et de Rembrandt. Ecole hollandaise.

n° 86. *Portrait d'homme.* Tourné de côté, le visage presque de face. Il porte un bonnet de fourrure et une pelisse. Bon.

Ecole hollandaise.

n° 125. *Portrait de femme.* Buste en trois quarts à droite. Cornette blanche et fraise tuyautée.

Annibale **Carracci**, né à Bologne en 1560; mort en 1609. Ecole bolonaise.

n° 173. Ancienne copie du *Sommeil de l'enfant Jésus*, au Louvre (n° 137).

Friedrich **Overbeck**, né à Lubeck en 1789, mort en 186...

La Sacrement de la Pénitence. Peinture monochrame; figures de grandeur naturelle. Les sujets de l'encadrement sont en rapport avec la scène principale.

Gaspar **Netcher**, né à Heidelberg en 1639, mort à la Haye en 1684. Elève de Coster et de Terburg. Ecole hollandaise.

nº 109. *Pomone et Vertumne.* Pomone en robe de soie blanche, les cheveux ornés de perles, est assise dans son jardin; Vertumne sous les traits d'une vieille femme, lui parle en s'appuyant sur son épaule. Au fond, une statue. — Au gré du docteur Waagen, le plus beau des trois exemplaires connus. Galerie de Berlin nº 850.

Carel **van Falens**, né à Anvers en 1684, mort à Paris en 1733. Elève de Const. Francken (?). A imité Ph. Wouwerman. Ecole flamande.

nº 54. *Le Retour des chasseurs.* A droite, au pied d'une colline boisée, une dame assise s'entretient avec un des cavaliers. Chasseurs, chevaux et chiens se reposant. Au loin la compagne. Signé du monogramme.

nº 55. *Halte de chasseurs.* Sur le côté gauche, un fourré. A droite, sous des arbres, chasseurs arrêtés avec leurs chevaux et leurs chiens. Deux dames assises causent avec l'un des chasseurs.

Bons tableaux.

Jan Davidze **de Heem**, né à Utrecht en 1600, mort à Anvers en 1674. Elève de son père David. Ecole hollandaise.

nº 74. *Raisins et autres fruits,* entrelacés d'un ruban bleu, sur fond noir.

Paul **Bril**, né à Anvers en 1556, mort à Rome en 1626. Elève de Damien Wortelmans. Ecole flamande.

n° 5. *Repos de Diane*. Paysage agreste et montueux, clairière dans une forêt, traversée par une rivière. A droite, Diane avec ses nymphes couchées sur l'herbe, au bord de l'eau. Sur l'autre rive, des cerfs se désaltérant. Excellent.

Ecole **hollandaise**.

n° 126. *Paysage*. A gauche, ruines tapissées de mousse, au sommet d'un tertre. Sur le premier plan, une vache rousse et une chèvre couchées; près d'elles un mouton.

Philips **Wouwerman**, 1619—1668. Ecole hollandaise.

n° 93. *Cavalcade*. A droite une dame à cheval, accompagnée de deux cavaliers et d'un piéton. Fond, arbres d'une forêt. Joli; seconde manière.

n° 92. *Départ de cavaliers*. A gauche près d'une haie, cavaliers montés sur leurs chevaux. D'autres, le pied dans l'étrier, paient leur écot. Deux chiens.—*idem*.

Abraham **Hond** ou **Hondius**, né à Rotterdam en 1638, mort à Londres en 1691. Ecole hollandaise.

n° 107 Combat d'un héron contre deux chiens.
et 108. Signés *Abraham Hondius*. Anthentiques, rares.

David **Teniers**, 1610—1694. Ecole flamande.

n° 37. *Scène de cabaret*. Au milieu, un homme accroupi fumant sa pipe et tenant un broc. Derrière lui, autres buveurs attablés. Bon. Signé *D. Teniers F.*

n° 40. *Tentation de saint Antoine*. Le saint, agenouillé dans sa caverne devant un livre ouvert, est hanté par des spectres bizarres ou hideux. Bon. Signé *D. Teniers F.*

Pieter **Neefs**, 1570—1651. Ecole flamande.

n° 8. *Crésus montrant ses trésors à Solon*. Garde-meuble du roi, encombré de vases en métal et d'argent monnayé. Au fond une statue colossale en bronze. Très-vigoureux. Sujet traité par Frans, Franck le jeune (Musée de Bruxelles n° 385) et par Salomon Koninck (Galerie de Berlin n° 349).

IIIe SALLE.

Pietro **Vannucci**, dit *il Perugino;* né à Città della Pieve en 1446, mort en 1524. Ecole romaine.

n° 129. *Sainte Famille.* La Vierge est assise, avec l'enfant Jésus au giron. A gauche, saint Joseph; du côté opposé, sainte Catherine. Figures un peu moins grandes que nature. Ancienne copie.

Gaspard **Dughet**, dit *Guaspre Poussin,* né à Rome en 1613, mort en 1671. Ecole romaine.

n° 190. *Paysage avec figures.* Pièce d'eau, et par-delà sur une éminence, fabriques et arbres agités par le vent. Composition très-spirituelle et très-poétique (Waagen.)

Nicolas **Poussin**, né aux Andelys, en Normandie, en 1594, mort à Rome en 1661. Ecole française.

n° 188. *L'Extrême-Onction.* Moribond étendu sur sa couche, devant lui un vieux prêtre assisté d'un jeune clerc drapé de rouge, tenant d'une main un livre, de l'autre un cierge. Au pied du lit, groupe de femmes éplorées; au chevet une femme debout, les mains jointes et les yeux au ciel. De l'autre côté plusieurs figures, dont l'une se penche sur le visage du mourant. Voir pour les deux Suites des Sept Sacrements, *H. Bouchitté :* Le Poussin sa vie et son œuvre, chap. V.

Jean-Baptiste **Santerre,** né à Magny, près Pontoise, en 1650, mort à Paris en 1717. Ecole française.

n° 192. *La Leçon de Chant.* Une dame en robe orange et drapée d'un ample châle violet foncé, pose les doigts de la main droite sur les touches d'un clavecin. Elle s'adresse à une petite fille vêtue de bleu et tenant un cahier de musique. Jolie toile du maître (Waagen).

Alessandro **Varotari,** dit *il Padovanino* ou *le Padouan;* né à Padoue en 1590, mort à Venise en 1650. Ecole vénitienne.

n° 166. *Le Christ sur le chemin du Calvaire.* La bienheureuse Véronique, vue de profil à gauche, reçoit des mains du Sauveur le saint suaire. Dans l'angle, près de la sainte, un soldat coiffé d'un casque d'acier; un autre est entrevu derrière le Christ. Authentique (Waagen).

Le **Pérugin,** 1446—1524. Ecole ombrienne.

n° 128. *La Vierge, saint Jean et anges en adoration devant le Sauveur.* Marie, les mains jointes, est agenouillée devant son fils, couché sur un pan de sa robe. Près de la Vierge est le petit saint Jean avec sa croix de roseau, et sur un plan plus éloigné, deux anges vêtus de dalmatiques. A droite, à l'écart, saint Joseph. Fond de paysage avec montagnes au loin. Cadre rond. Ancienne copie, précieuse.

Bartolommeo **Schidone** ou **Schedone**, né à Modène vers 1580, mort en 1615. Ecole lombarde.

n° 155. *La Vierge avec l'Enfant et saint Charles Borromée.*—Marie, vue de face et nu-tête, soutient dans ses bras le petit Jésus dont les pieds s'appuient sur une table; il a dans sa main un oiseau. Saint Charles Borromée est tourné de profil à droite, dans l'attitude de l'adoration.—Beaucoup de vérité dans les airs de têtes (Waagen).

Alessandro **Turchi**, dit *Véronèse* ou *l'Orbetto:* né en 1582, mort à Rome en 1648. Ecole vénitienne.

n° 168. *Le Baptême du Christ.* Saint Jean, placé sur l'autre rive du Jourdain, verse l'eau lustrale sur la tête du Sauveur. A gauche, deux anges en dalmatiques, l'un préparant un linge, l'autre agenouillé. A gauche un groupe de barbaresques et dans les airs, le saint Esprit sous la figure d'une colombe.—Signé *Alexander Veronensis F.* Bon.—(Waagen).

Pieter **van Bloemen**, dit *Standart:* né à Anvers en 1649, mort en 1719. Ecole flamande.

n° 48. *Halte de Cavaliers.* — Hommes et chevaux abrités sous un auvent et groupés autour d'un chaudron accroché au-dessus d'un feu qui flambe. Bon.

Francesco **Mazzuola** ou *le Parmesan,* 1503—1540 Ecole lombarde.

n° 151. *Vierge aux Anges.* La Vierge avec l'enfant Jésus endormi sur son giron, est entourée d'anges dont l'un tient une urne de cristal. Copie de la *Madone au long cou*, du palais Pitti, décrite par Vasari.

Francesco **Trevisani**, né à Capo d'Istria en 1656, mort à Rome en 1746. Ecole vénitienne.

n° 170. *Madeleine repentante.* Cheveux blonds épars et draperie bleu-clair jetée sur le bras gauche. Les mains croisées sur une tête de mort. Gracieux.

Michel-Angiolo **Amerighi** ou **Morigi**, dit *il Caravaggio;* né à Caravaggio, près de Milan, mort en 1569 à Porto-Ercole. Ecole lombarde.

n° 152. *Portrait d'homme.* Buste; cheveux et barbe noirs; vêtu de brun. Bon, pendant du n° 218 de l'Ermitage.

Raphaël **Sanzio**, né à Urbin en 1483, mort à Rome en 1520. Elève du Pérugin. Ecole romaine.

n° 131. *Repos en Egypte.* La Sainte Vierge assise et vue presque de profil, les mains jointes, adore l'enfant Jésus endormi. Saint Joseph, appuyé sur un bâton, soulève le lange qui couvre l'Enfant. Fond d'architecture, avec une échappée sur les pyramides.—Centon de la *Vierge au Linge,* au Louvre, et de la fameuse Sainte-Famille du Musée de Naples.

Alessandro **Varotari**, dit le *Padouan;* 1590—1650. Ecole vénitienne.

n° 167. *Mars et Vénus avec l'Amour.* La déesse,

vêtue d'une ample tunique blanche, les cheveux ornés de perles, se penche sur l'Amour qu'elle tient dans ses bras. Mars, une main sur la hanche, est coiffé d'un casque d'or en forme de griffon; il a par-dessus son armure un manteau rouge. Excellent; portraits, selon Waagen.

Annibale **Carracci**, 1560—1609. Ecole bolonaise.

n° 172. *Jésus et la Samaritaine*. Debout, vue de profil et les yeux baissés, elle s'appuie sur la margelle du puits ombragé d'une treille. Robe gris perle ; ample draperie jaune; à ses pieds est une urne. Le Christ est assis à droite; il a, par-dessus une robe rouge, un manteau bleu. Derrière lui, deux disciples occupés des apprêts d'un repas, et au loin, la ville de Samarie. Peint sur cuivre. Précieux tableau qui depuis a été renseigné comme œuvre de *Ippolito Scarsellino da Ferrara*.

Innocenzio **Francucci**, dit *Innocenzio da Imola*. Elève de Francesco Francia et de Mariotto Albertinelli; florissait de 1506—49. Ecole romaine.

n° 132. *Mariage mystique de sainte Catherine*. Le Bambino, assis sur le genoux de sa mère, passe l'anneau au doigt de la Sainte, placée à droite. Elle a par-dessus sa robe blanche un voile vert, et tient dans sa main la palme du martyre. A gauche, saint Joseph vêtu de blanc.

Giovanni-Battista **Rosso de Rossi**, dit *Maître Roux;* né à Florence en 1496, mort à Paris en 1541. Ecole florentine.

n° 144. *Sainte-Famille*. La Vierge soutient l'enfant Jésus debout sur une table et se penche avec affection vers le petit saint Jean, placé plus bas. Bel original.

Carlo **Maratti**, né à Camerine, dans la Marche d'Ancone, en 1625, mort à Rome en 1713. Elève d'Andrea Sacchi. Ecole romaine.

n° 138. *Vierge entourée d'Anges*. Elle est assise, vêtue d'une robe blanche avec un manteau bleu, la tête couverte d'un voile, et tient un livre ouvert. A sa gauche, anges avec des instruments de musique, et à sa droite deux autres. Gracieux tableau.

Giovanni-Benedetto **Castiglione**, dit le *Grechetto*; né à Gênes en 1616, mort à Mantoue en 1670. Ecole génoise.

n° 187. *Concert champêtre*. A droite, sous l'ombrage, un berger couronné de pampres, est assis sur un tertre; il tient une basse de viole. A côté de lui est une bergère, la tête ceinte pareillement d'une couronne de feuilles, à la main un tambour de basque. Chèvre et mouton; au second plan, une grande urne et un terme. Bon.

Guido **Reni**, 1575—1642. Ecole bolonaise.

n° 175. *Assomption de la sainte Vierge*. La Vierge, en robe rouge et long manteau bleu, les pieds sur un nuage que supportent deux anges et des chérubins, est enlevée au ciel, les bras ouverts, la tête inclinée à droite.

Copie du tableau de Munich (salle vii nᵒ 527). «Composition la plus importante du Guide à la Pinacothèque, celle où il a mis le plus de grâce et de délicatesse.» Acquis à la vente Fesch.

Cornelis **Poelenburg**, surnommé *Brusco* ou *Satiro;* né à Utrecht en 1586, mort dans cette ville en 1660. Elève de A. Blomaert et de A. Elsheimer. Ecole hollandaise.

nᵒ 71. *Paysage avec ruines.* Deux pâtres; près d'eux, une vache couchée. Plus loin, une bergère gardant ses chèvres. Effet de jour.—Joli panneau.

Jacob **Ochterfeldt**; lieu de sa naissance et de sa mort inconnus, vivait encore en 1669. S'est formé d'après G. Metsu et P. de Hooch. Ecole hollandaise.

nᵒ 118. *Portrait de Mieris et de sa femme.* Le mari agace en riant le petit épagneul qu'elle tient sur ses genoux. Excellente copie du célèbre tableau de François Mieris (1635—1681) au musée de la Haye (nᵒ 90). *W. Bürger:* les Musées de la Hollande. t. 1. p. 226—227.

Adam **Elsheimer**, surnommé *Adam di Francofurto* ou *Adam tedesco;* né à Francfort-sur-Mein en 1574, mort à Rome en 1620. Elève d'Uffenbach. Ecole allemande.

nᵒ 60. *Le jeune Tobie conduit par l'ange.* Ils cheminent le long d'une eau dans un paysage boisé, accompagnés d'un petit chien. Au fond, des bergers traversent la rivière avec leur troupeau. Ancienne copie d'après la gravure de Goud. L'original est à Bath, chez M. *Beckford*. Waagen Kunstw. in Engl. u. Par. II, 334; Passavant Kunstr. p. 152. Kugler Handb. III, 184.

Elisabetta **Sirani**, née à Bologne en 1638, morte dans la même ville en 1665. Elève de son père Giovanni Andrea Sirani. Ecole bolonaise.

n° 182. *La Vierge Marie et saint Joseph retrouvent le Christ au temple*. Joli tableau peint sur cuivre.

Andrea **Vannucchi**, dit *Andrea del Sarto;* né a Florence en 1487, mort en 1531. Elève de Pietro di Cosimo. Ecole florentine.

n° 140. *Sainte-Famille*. La Vierge, à genoux et les mains jointes, adore l'enfant Jésus assis à terre et accoudé sur un coussin. Le petit saint Jean est debout derrière lui. Au fond, saint Joseph, la tête et les bras appuyés sur un fragment de maçonnerie, sommeille. Echappée sur le ciel, à droite. Ancienne et précieuse copie que le professeur Waagen attribue au *Bronzino*. Original au Palais Pitti.

Tiziano **Vecellio**, né au bourg de Pieve, *Pieve di Cadore*, en 1477, mort à Venise en 1576. Elève de Antonio Rossi, Gentile et Giovanni Bellini. Ecole vénitienne.

n° 157. *Sainte-Famille*. La Vierge assise soutient l'enfant Jésus debout sur son genou. Plus bas, à gauche, le petit saint Jean, vêtu d'une peau d'agneau et tenant à la main son liston. Ancienne et précieuse copie.

n° 158. *Toilette de Vénus*. La déesse, tournée de trois quarts à gauche, a une main sur les seins et de l'autre ramène sur ses genoux sa draperie cerise, bordée de zibeline. Elle se mire dans une glace que tiennent deux amours. Grande demi-figure. Copie de la main de *Bonifazio*. L'original est à la galerie de l'Ermitage, n° 99; celle de Dresde en possède deux répétitions modifiées.—Provient de la collection Talischev.

Domenico **Zampieri**, né à Bologne en 1581, mort à Naples en 1641. Elève de D. Calvaert et des Carraches. Ecole bolonaise.

n° 178. *Sibylle persique*. Copie quelque peu modifiée de la fameuse Sibylle de Cumes au palais Borghèse.

Giovanni-Francesco **Barbieri**, dit il *Guercino;* né à Cento en 1590, mort en 1666. Elève de Paolo Zagnoni, de Cremonini et de Benedetto Gennari. Ecole bolonaise.

n° 180. *La Vierge et l'enfant Jésus*. La Vierge vue à mi-corps tient l'enfant Jésus debout sur une table. Figures de grandeur naturelle.

n° 179. *Martyre de saint Sébastien*. Attaché à un tronc d'arbre, il a les mains liées derrière le dos; le sein gauche est percé d'une flèche. Draperie lilas autour des reins. Au loin, édifices de Rome.—Tableau de la manière expéditive du maître (Waagen). Provient de la collection de la duchesse de Saint-Leu (v. la Galerie de l'Ermitage, 1845—47; in-f°. pl. 29).

Jacopo **Robusti**, dit *il Tintoretto;* né à Venise en 1512, mort en 1594. Elève du Titien. Ecole vénitienne.

n° 159. *Le dieu de la Guerre met en fuite les Muses.* Très-ingénieux.

Raphael Sanzio. 1483—1520. Ecole romaine.

n° 130. *Madone avec l'Enfant.* La Vierge a les yeux timidement baissés; de sa main elle entoure la taille de son enfant, dont elle tient le petit pied dans sa main gauche. Corsage gris, manches rouges, jupon vert. Un voile, attaché aux cheveux, flotte autour d'elle. Copie d'autant plus précieuse que l'original qui de la galerie d'Orléans passé dans celle du poète Samuel Rogers, est très-endommagé. Waagen, Kunstw. II, p. 408; Bürger, Trésors d'art en Angleterre p. 58.

Giovanni-Battista **Salvi** *da Sassoferrato;* né à Sassoferrato dans la Marche d'Ancone en 1605, mort à Rome en 1685. Ecole romaine.

n° 137. *Sainte Vierge en prières.* Robe rouge, la tête couverte d'un voile blanc; les yeux baissés et les mains jointes. Buste.

Andrea **Vannucchi**, dit *del Sarto.* 1483—1531. Ecole florentine.

n° 143. *Sainte-Famille.* La vierge Marie, assise à

terre, soutient l'Enfant penché sur son épaule et retournant la tête vers le petit saint Jean, guidé par sainte Elisabeth. Près de la Vierge sont deux anges dont l'un tient un flageolet. Copie attribuée par le docteur Waagen à un élève du maître. Peint sur bois, ainsi que l'original, à la Pinacothèque de Munich (salle VIII, n° 548); il en existe deux répétitions modifiées, au Louvre et à la galerie du Belvedère. Gravé au trait dans l'ouvrage de Labensky, pl. 35.

Francesco **Solimena**, 1657—1747. Ecole napolitaine.

n° 185. *Charité.* Femme portée sur des nuages, entourée d'enfants et d'anges. Fond, espace entre deux ceintres d'arcs. Esquisse.

——— ———

Au Cabinet des médailles se voient les tableaux suivants:

Pieter **Bout** et Anton Frans **Boudewyns**, XVIIᵉ siècle. Ecole flamande.

n° 53. *Paysage agreste traversé par une rivière.* Jolie toile.

Bernardo **Bellotto**, dit *il Canaletto;* né à Venise en 1724, mort à Varsovie en 1780. Elève de son cousin Antonio da Canale. Ecole vénitienne.

n° 171. Vue du *Canal Grande* à Venise. Bon tableau du maître.

Paolo **Caliari**, dit *Paolo Veronese;* né à Vérone en 1528, mort à Venise en 1588. Elève de son oncle Antonio Badile et de Giovanni Carotto. Ecole vénitienne.

n° 162. *Le Repas chez Simon le lépreux.* Ancienne copie du celèbre tableau peint en 1570 pour le réfectoire des religieux de Saint-Sébastien, à Venise. Landon t. 8, pl. 38 et 39.

Pietro **Liberi**, 1605—1685. Ecole vénitienne.

n° 169. *Nymphes et amours prenant leurs ébats dans les nuages.*

Guido **Reni**, 1575—1642. Ecole bolonaise.

n° 174. *Saint Siméon, portant l'enfant Jésus dans ses bras.* Demi-figure de grandeur naturelle. Magnifique tableau, provenant de la collection de Sir Robert Walpole.

Copie d'après Antoni **van Dyk**, 1599—1641. Ecole flamande.

Portrait d'un vieillard. Cheveux et barbe blancs; vêtement écarlate. — Original à la Galerie de l'Ermitage, n° 629.

Frans **Sneyders**, 1579—1657. Ecole flamande.

n° 18. *Boucher occupé dans sa boutique à dépecer un veau.* Sur une table, viande de boucherie; un chevreuil, etc., etc. Peinture éminemment magistrale (Waagen).

David **Teniers**, le *jeune*, 1610—1694. Ecole flamande.

n° 39. *La Gûerre*. Un soldat, le pistolet au poing, rançonne un juif qu'il a pris au collet. Fond de paysage. Pendant du tableau intitulé *la Paix* (n° 38 antichambre). Excellent.

Giulio Gianuzzi **Pippi**, dit *Giulio Romano;* né à Rome en 1492, mort à Mantoue en 1546. Elève de Raphaël. Ecole romaine.

Copie de la célèbre *Madonna del Bacino* à la galerie de Dresde (n° 82). Tableau décrit par Vasari.

Напечатано съ разрѣшенія Директора Московскаго Публичнаго и Румянцевскаго Музеевъ. Сентября 30 дня, 1872 года.